無能な者たちの共同体

田崎英明

未來社

無能な者たちの共同体　目次

無能な者たちの共同体

装幀——戸田ツトム

Impotenz──中断

古代において、善とは、それ自体が望ましいものであった。何かの役に立つかぎりで善であるのではない。それ自体が善であるのである。それゆえに、善なるものは何の役にも立たない。善はそれ自体が目的であり、何ものに対しても手段として振る舞うことはないのだから。完全なものは善である。完全なものも、何にも奉仕しはしない。もしも、それが何かに仕えるのだとしたら、その仕える対象のほうがより完全なものであるにちがいないのだから。つまり、それは、そのとき、不完全なのであって、完全ではない。したがって、完全なものは何の役にも立たない。善なるものは、そして、完全なものは、無能 adynamia, Impotenz である（それだから、有能な者たちは、おのれの不完全さを恥じるのである）。

政治とは、無能な者たちの共同体ではないだろうか。デュナミスを欠き、ただエネルゲイアだけの共同体。行為 ergon, act の共同体としての政治。ハンナ・アーレントは、政治と社会の混同を厳しく戒める。社会とは、おそらく、有能な者たちの共同体である。デュナミスにつきまとわれた者たちが住む場所である。社会はいつ存在するのだろうか。人々がみな寝静まったそのときにさえ、社会は存在するのだろうか。そうである。社会とは眠る者たちの共同体なのだ（政治のうちには眠る場所はないのに対して)。政治——「誰 who」の場所——と社会——「何(者)what」の場所——とは、エネルゲイアあるいはエンテレケイアとデュナミスとの差異として、考えることができる。社会においては、職人は寝ているときさえも職人であり、貴族もまた、そうである。寝ているときでさえ、一切の活動をしていないときでさえ、その身体に身元=同一性 identity を割り振る装置として、社会は機能する。職人は、一体いつ職人なのか。実際に仕事をしているときだけなのか、それとも、仕事をしていないときでさえ、その人を職人と呼ぶことができるのか。これは、形而上学(アリストテレスの『形而上学』)において「可能性 dynamis」が定義される、まさに、その場所で問われている問いである。

しかし、次のような説をなす人々がある、たとえばメガラ派の徒がそうであるが、それによると、なにものも、ただそれが現に活動しているときにのみそうする能がある〔活動しうる〕のであって、活動していないときにはその能がない、たとえば、現に建築していない者は建築する能がなく、ただ建築する者が現に建築活動をしているときにのみそうする能がある、同様にその他の場合にもそうである、というのである。だが、この説から生じる諸結果の不合理性をみつけることは容易である。(アリストテレス『形而上学』1046b)

社会とは、現われているがままではないものの集合体である。光と闇、昼と夜に分かたれた者たちの共同体である。私たちの見ている姿以外の姿を、他者の目からは隠された姿を秘めた者たち。だから、たとえば、社会史——社会の歴史——は、行為者をその行為と語りから切り離して捉える。本人は自分のことを労働者だと語る、しかし実は、この当時の社会構造に照らしてみればそうではなかったことがわかる……、等々。行為者の言葉を真に受けることなく、その言葉に応答することなく、その言葉の「本当に意味しているところ」を探るのである。世界を現象と本質に分割し、現象の背後に本質を探る(「社会構造」などというかたちで)。本質は現象する。つまり、本質とは現象ではないもの、光ではないもの——現象 phainomenon とは光の中に出現することだ——、闇なのである。社会とは、社会史家にとって、さまざまな現象がそこから出現するところ、そこから由来する場所であり、それは形而上学において質料と呼ばれるものにほかならない。質料、ヒュレー、森(ヨーロッパで、都市がそこから出現するところの暗い森である)。社会、すなわち、森の中で眠る共同体。(だが、アーレントによれば、政治の、公共領域の根本は、私の行為が、私の言葉が、他者によって応答されるというところにこそある。)

森の中には何がいるのだろうか。それは、生命であるだろう。古代ギリシャにおいては、生命を表わすのに二つの言葉があった。ゾーエー zoe とビオス bios である。ゾーエーは、生命でしかない生命である。四季が繰り返され、「同じ」花が咲き、また、散るように、あるいは、世代から世代へと、「同じ」動物たちが繰り返し、この世界へと到来するように、生命そのもの、生命でしかない生命は、不死である。生命はつねに生成の過程の中にある。消滅する個体を通じてのみ存在する。それは、それ自体としては、つねに潜在的なままにとどまる。

人間というものは、人間のたんなる生命 das blosse Leben, naked life とけっして一致するものではないし、人間のなかのたんなる生命のみならず、人間の状態と特性とをもった何か別のものとも、さらには、とりかえのきかない肉体をもった人格とさえも、一致するものではない。人間がじつにとうといものだとしても（あるいは、地上の生と死と死後の生とを貫いて人間のなかに存在する生命が、といってもよいが）、それにしても人間の状態は、また人間の肉体的生命、他人によって傷つけられうる生命は、じつにけちなものである。こういう生命は、動物や植物の生命と、本質的にどんなちがいがあるのか？　それに、たとえ動植物がとうといにしても、たんなる生命ゆえにとうといとも、生命においてとうといとも、いえはしまい。生命ノトウトサ Heiligkeit des Lebens というドグマの起源を探究することは、むだではなかろう。たぶん、いや間違いなく、このドグマの日づけは新しい。（……）もうひとつ考えておくべきことは、とうとい、とここで称されているものが、古代の神話的思考からすれば罪 Verschuldung の極めつきの担い手であるもの、たんなる生命なのだ、ということである。（ヴァルター・ベンヤミン「暴力批判論」）

ベンヤミンがここで語っているのが、ゾーエーである。生命はひとに罪を犯させる。なぜなら、生きること、生き延びることとは、殺すことだからである。食べることであれ、生殖であれ、ある個体が生き延びるためには、何者かが死んでいかなければならない。何者かが、別の者のために場所を空けていかなければならない。生きることは、罪の連関 taxis を作る。それが運命である。そして、この鎖の一つ一つの環は、犠牲によってできている（したがって何がしかの贖罪である）。すべての殺害は、みな、犠牲であり、身代わりである。それは、つねに神々への捧げものなのだ。なぜなら、すべて殺されるものは、それが食料用の屠殺であれ、戦争であれ、いずれも、生き延びる者の代わりに死ぬのであり、それゆえに、生き残った者の感謝のしるしを、その死のどこかにとどめているのだから。

身代わりの死の連鎖、一つの死の、別な死による置き換え、その絡まりあいが運命であり、必然であり、(単なる/裸の)生命である。また、それは生成であり、消滅である。ちょうど欲望が、消滅してはまた憩りもせず、その同じ場所に出現するように、生命も、消滅と出現を繰り返す。生命のこの反復、このリズムを、労働は繰り返す。アーレントによれば、生命の必要 necessity に応じる消費財を作る「労働 labor」——持続する事物、家や、神殿や、芸術作品を生み出す「仕事 work」とは区別される——は、生命の必然性 necessity に縛られている。そして、この「労働」が公共領域を乗っ取ったとき、そこに出現するものこそが、「社会」なのである。それは、生きていかなければならない者たちが、その「生きていかなければならない」ということを共有して出来あがる領域なのである。社会では、すべては消費財になる。つまり、生命によって貪り食われ、破壊されるものに。破壊されるかぎりで有用とされるものに。

生きていかなければならないかぎりで、それぞれの個体は、それぞれの身体は、互いに喰らいあい、一つの巨大な身体へと変貌を遂げる。社会的身体、種、あるいはさらに、大きな生命体へと。ちょうどホッブズの語る「リヴァイアサン」のように。それは、傷つくことはない身体だ。個々の個体の、身体の死を超えて生き永らえるのだ。生身の、現実の身体は傷つきやすい。それに対して、可能的、潜在的な身体は傷つかない。リヴァイアサンは、生身の、現実の身体からなる、可能的身体、いいかえるならば、「できる(なしうる、可能である)」身体なのだ。

「できる」、それは、現象学的な身体論が主張するように、身体の特性である。身体は、できる、何ごとかをなしうる。身体において、さまざまな可能性、潜在性が現実性と交差する。身体は有能なのだ。それでは、無能な身体というものを考えることはできるだろうか。インポテンツな身体を考えることができるだろうか。それは、たとえば、快楽の身体なのかもしれない。

快楽の場合はこれに反して、それの形相はいかなる時間についてみても究極的〔完璧 teleios〕である。明らかにそれゆえ、運動と快楽とは互いに異なったものなのであり、快楽は全体的なるもの・究極的なるものに属するといえよう。そしてこのことは、「運動の行われるのは時間にまたないかぎり不可能であるのに反して、快楽するということは一定の時間にまつを要しない」ということからしても容認されるに相違ない。けだし、ここでは瞬間的な「今」において行われうるところのものが一つの全体なのである。

（アリストテレス『ニコマコス倫理学』1174b）

アリストテレスによれば、快楽は、運動でも生成でもない。そして、完全である。アリストテレスによれば、運動とは、可能態から現実態への移行、その意味で生成のことである。快楽は、そのような生成に、由来に、関わりを持たない。それはどこからやってきたものでもないし、そうだとするなら、おそらくは、どこへも去りはしないものであるだろう。

アリストテレスの『形而上学』は――そして、形而上学というものは――、存在するものの由来を問う。それがどこから来たのかを問う。形相／質料、現実態／潜在態、実体／属性、こういった概念の系列はみな、存在するものの由来を解明するためのものだ。個々のモノ、個々の存在するものがそこからやってきた場所、それが質料であり、あるいは、自然である（この「そこ」は、もちろん、「ここ」にほかならないのだけれど）。あるいは、元素（エレメント）であり、さまざまな原因──アリストテレスはそれを四つであるとした──である。それらは、みな、存在論の概念を構成するといっていいだろう。

だが、この『倫理学』における快楽論は異様である。なぜなら、アリストテレスにおいては、つねに過程の中で形而上学が考えられているのだから。形而上学、メタフィジカが、その名の通り、フィジカ、自然学の後（メタ）であるように、形而上学には、前／後という区別が付き纏っているのだ。自然が、自然に属するものが、すべて数えあげられたその後に、形而上学は到来する。ハイデガーがなぜ、「存在」の意味を時間に求めたのかが分かるだろう。「存在」は、つねに、何らかの前後関係において捉えられてきたのだ。生成において、より前であるものが質料であり、より後であるものが形相である。生成に先立つものが現実態であり、生成の中にあるものが可能態である。あるいは、認識において、まずもって捉えられるものが実体である。形而上学の歴史は、このような前後関係に満ちている。というより、歴史なるものがそもそも、このような形而上学的な身振り、つまり、前後関係の設定によって可能になっているのである。

若き日のハイデガーが試みた「形而上学の歴史の解体〔脱構築、Destruktion〕」は、したがって、歴史なるものの脱構築とならざるをえない。たしかに、私たちは歴史なしで済ますことはできないにしても、また、歴史の存在を自明なものとして語ることもできないのだ。ハイデガーは、この事態を前にして、カイロスとしての時間、つまり、「好機」としての時間という概念を持ち込むことで、歴史の連続性を断ち切ろうとした。時間概念を改変することによって、歴史概念の脱構築を目論んだのである。カイロスとは、「切る」という言葉に通じる、ギリシャの時間概念である。それは、アリストテレスによれば、行為（プラクシス）の時間である。

連続的な流れとして捉えられた「時間」、また、その連続的な流れの中にあり、その流れを構成する「点‐瞬間」である「いま」――ちょうど線が点の連続によって構成されるように。このような、幾何学的で空間的な時間概念を、ハイデガーは、「通俗的時間概念」として退ける。それは、ハイデガーに言わせれば、アリストテレスの自然学からヘーゲルの歴史哲学にまで引き継がれた、形而上学の／形而上学的な伝統なのである。それに対してハイデガーが持ち出す時間の概念は、行為の始まりとしての「いま」である。「始める」という行為の「いま」である。行為の始まりは、けっして、点的な「いま」のように孤立し、大きさを持たないのではない（といっても、もちろん、大きさを持つわけでもないが）。人間の行為は――神の行為＝業とは違って――、何の脈絡もないのではない。なぜなら、人間はすでにこの世界へと投げ出されているからだ。神のように自ら世界を創造するのではないものは、すでにある状況の中にいる。その状況を解釈しつつ、何ごとかを行う。端的な始まり、それに先立つものとしては、無しかないような始まりは、人間には、人間の行為には関係がない。だが、行為は、ただの過去からの連続でもない。物理的な因果性の概念において、原因と結果が置き換わるように、あるいは、罪と贖罪が連鎖を作るようには、行為とその状況は結びついてはいない。状況が行為を生み出すというよりは、ある状況をそのようなものとして、つまり、自然で「客観的」な環境としてではなく、まさに状況として、行為者にとって現われさせるのは、行為そのものなのである。行為はこのように自己創成的である（それ自身の環境を、自分で生み出す）。それ自身の前提をそれ自身が措定するのである。

このような行為の時間は、連続的な流れの時間に対しては、切断として作用する。この切断の端的な名前は、決断である。ハイデガーは「決断」をモデルにして語る。決断にある特権を与える（先駆的決意性）。それは、アリストテレスのいう行為（プラクシス）の、彼なりの解釈なのである。決断の時間は、過去から現在へと向かって流れるのではなく、決断は、単に過去によって規定されているのではない。決断は、未来からの、過去に対する規定し直しでもある。たしかに、決断の時間は、過去―現在―未来というような単純な流れとしての時間とは違うのかもしれない。だがそもそも、何がしかの連続体を想定した上で、その連続性に対する決断を考えるのであれば、それは、どれほど連続体としての時間という概念と別物でありうるのだろうか。

アリストテレスは『自然学』などで、時間とは運動の数であると主張している。そして、運動とは、可能態から現実態への移行であると規定される。ここでは、前／後による規定こそが時間を定義しているのであって、時間から前／後が規定されているのではない。それほどに、前／後という関係は、形而上学にとって根底的なのである。しかし、前と後との境界はいったい何なのだろうか。どうやって、私たちは、前と後とを区別することができるのだろうか。ちょうど数学で、実数が、連続体を「より大きい」と「より小さい」という二つの、重なるところのない集合へと「切断」する点として定義されるように、アリストテレスも、「いま」を、過去と未来、「過ぎ去ってしまい、もはや存在しない」

と「これから到来する、いまだない」とに分割する点、それ自体は大きさを欠いた点＝瞬間と定義する。

つまり、「いま」とは、アリストテレス以来、連続に対する切断と捉えられていたのだ。切断としての時間は、実は、通俗的な時間概念のうちにある。ここで、興味深いのは、ハイデガーの『存在と時間』の、本来計画されていた後半部の刊行が断念されたということである。ハイデガーによれば、それは、時間性 Zeitlichkeit からテンポラリテートへの展開の失敗による。決断の時間、カイロスは、時間性に属する。時間性は、ハイデガーが「そこ存在 Dasein」と呼ぶ存在者、つまり、人間の存在の可能性の様態に関わるだろう。それは、人間に属する可能性の一つ――可能性というものそのものの可能性であるにしても――である。それに対して、そのような時間性そのものを可能にする地平がテンポラリテートなのである。ハイデガーは、このような時間性からテンポラリテートへの転回に失敗し、『存在と時間』を未完のままにせざるをえなくなる。

ハイデガーの失敗の理由は、彼が、カイロス的な時間を重視しすぎたためではないだろうか。そのために、彼は、連続体としての時間――彼のいう通俗的時間概念――から抜け出せなくなったのではないだろうか。切断の時間は、連続体の中にある。なぜなら、それは、人間の可能性に関わる――行為することができる、決断することができる――のだから。つまり、可能態／現実態という順序関係のうちに、それはあるのだから。可能態と現実態とのあいだの移行＝切断自身が、何がしかの可能性と関係づけて論じられるかぎりで、その切断は実は、可能態／現実態という前後関係に巻き込まれている。

むしろ私たちはここで、アリストテレスのいまひとつの時間概念にこそ注目すべきではないのだろうか。快楽の時間、快楽の「いま」に。快楽は、生成とも運動とも関係ないとアリストテレスはいっていたではないか。快楽は決断のような切断ではない。それは中断なのである。切断はある始まりであるが、中断はそうではない。快楽においては何も始まらない。それは流れや連続としての時間とは関係ない。この意味で、ハイデガーがテンポラリテートとして、時間性の地平として捜し求めていたものは、この快楽であったにちがいない。だが、ハイデガーは快楽には届かなかった（快楽の問題圏は、つまり、テンポラリテートの展開は、晩年のフーコーに委ねられたといえるのかもしれない）。

快楽は可能性とは関係がない。快楽には現実態しかない。快楽は、アリストテレスによれば、完全性を示している。ひとは、過程を経て、何かを加えることによって完全になるのではない。中断こそが、物事を完成させるのである。世界を完全にするのである。なぜなら、中断とは、あるいは、快楽とは、欠如の欠如であるからである。快楽は、感覚の対象が――非感覚的なもの、超感覚的なものではなく――完全であることを示す。しかも、それは、流れ去ることはない。それは感覚的であるとともに、にもかかわらず、うつろうものではない。たとい、その快楽を感覚した者が、それを忘れ去っても、あるいは、死んでしまったとしても、快楽は、そこにあり、とどまり続け、流れ去らない。それは、流れとしての時間とは無縁だからである。それは、ただ単に現実的なのである。

中断は、このように、流れとしての時間、連続体としての時間の外へと私たちを導く。ヴァルター・ベンヤミンが、革命として思い描くのも、この中断である。無能な者たちが、その無能さを完全性として享受する、そのような「いまJetztzeit」。その到来。それは、ハイデガーのような決断＝切断ではなく、可能性の問題とは、一切関係がない。それは、現実である。革命は可能性とは無縁であり、まったく現実的な問題なのである。ハイデガーが可能性に囚われ、時間性からテンポラリテートへと突き抜けることができなかったのに対して、ベンヤミンはむしろ、テンポラリテートの側から、現実的なものの側からアプローチする。ベンヤミンの視線は、現実の歴史に、つまり、流れ去ることなくとどまり続ける、「感覚されたもの」に注がれている。

非感覚的なものの持つ永遠性でもなく、しかし、流れ去る瞬間ではないような「いま」。そのようなものの理論として、アリストテレスの快楽論や、また、プラトンのイデア論を理解すること。それが、これからの私たちの課題となるであろう。

［一九九六年八月］

苦痛／イデア――グノーシス主義者たち

シモーヌ・ヴェイユは、その晩年のノートにこう書きつけている。


いったん生起したことを起こらなかったことにする権能は神にすらない。創造が放棄であることをこれ以上に明証するものがあろうか。

神にとって時間にまさる放棄があろうか。

われわれは時間のなかに放棄されている。

神は時間のなかにはいない。

創造と原罪は、われわれにとっては異なるが、放棄という神の唯一の行為の、二様相にすぎない。

受肉も受難もそれぞれこの行為の一様相である。

（『カイエ４』冨原眞弓訳）


ヴェイユにとって、このように、創造とは放棄である。被造物であるということは、神から打ち捨てられているということである。神から見放されているということである。時間とは、私たち被造物と神とを隔てる深淵にほかならない。彼女にとって問題は、脱創造である。神に近づくには、時間から脱出することだ。存在を脱ぎ捨てることこそが課題なのだ――ちょうどフランチェスコが、着ていた服をすべて脱ぎ、父に返して全裸で出ていったように。神による創造のプロセスを逆転させること、神から受け取ったものを返すこと、それが時間から抜け出る道であり、永遠へと至る道なのだ。しかし、その道はある種の消耗によって開かれる。

生命に不可欠で生化学的メカニズムを機能させる営生エネルギーは、時間の次元よりも下位にある。補足エネルギーが消耗しつくされたため、本来の用途たる生物学的機能以外のことにあてられて、営生エネルギーが消耗されねばならなくなったとき、十五分が無窮の持続のごとく感じられる。このとき「もうたくさんだ」という叫びが魂を浸透しつくす。魂のすべてがこの叫びに同調しないなら、魂は両断される。そのとき樹液さえ流れでて、人間は生きながら枯れ木となる。じつにこのような十五分は意志的な努力の無窮の持続に匹敵する。その結果、この十五分を経たのち、「もうたくさんだ」と叫ぶことを拒否した魂の一部分は、際限なき時間の隔たりを越えて、時間の向こう側、永遠に到達したのである。（同書）

苦痛によって、私たちは永遠へと移行する。それは、苦痛がまさに「被ること」suffering, pathesis であるからだ。私たちの意志、能動性をすべて打ち砕くからだ。私たちの側から何も始められなくなるとき、時間はその意味を失う。何も始めることができない、という私たちの無能性が、永遠へと至る門なのである。何かを――始めるということを？――始めることができる、というのが、実存的な時間を可能にするのであるとするなら、そのような時間こそがカイロスであるとするなら、無能さは、時間の可能性を壊滅させる。「もうたくさんだ」という叫びをあげる力さえもちあわせていない、魂の最も無能な部分こそが、時間を超越する。拒否の身振りさえ取れないほど、ひ弱な部分が。


待ち望むことは受動性の極みである。それは時間に従順であることだ。われわれが時間に完璧に服属するなら、神は否応なく永遠を送らざるをえなくなる。

否定的な試練。果実を食べない、扉を開けない、白熊のことを考えない。これは無窮の反復を通じて時間から永遠へと移行することだ。

無窮の苦しみや剝奪を受容することは永遠への扉である。無窮の喜びもそうだ。しかしこれはさらに難しい。ある一定の持続を経た苦しみは、おのずから無窮の色彩を帯びるようになる。時間を受容すること。時間を受容する魂の部分は時間から免れている。（同書）

もしも、私たちが自分の側から時間を拒否するとなると、それは結局、別な何かを始めること、つまり、別な時間を創設することに終わる。あいも変わらず、時間に付き纏われたままだ。だから、時間に対して従順でなければならないのだ。十五分が永遠と感じられるほどに時間に従順でなければならない。それはたとえば、拷問の時間である。拷問において、私たちは、時間に完全に敗北するのだ。そこでもはや、自白する力も、敵に慈悲を乞う力も尽きたとき、その苦痛は永遠である。恐ろしいことではないか。私たちは、永遠を目の当たりにするのだ——見つけてしまった！　何を？　永遠

——。その苦痛を誰も破壊することはできない。苦痛そのものを、ではないにしても、その永遠性を、拷問する者と拷問される者は分かちあう。犬が犬のイデアを分有するように、拷問する者は、拷問される者の苦痛を分有するのである。拷問する者が目を背けるのは、この永遠性からなのだ。つまり、犬が犬のイデアを忘却するように、人間が自らのイデアを忘却するように、拷問する者は、拷問される者の苦痛を忘却する。

補足エネルギーが消耗しつくされていること、これが条件である。魂がある種の状態にあるとき、意志力によってもっとも恐るべき呵責にも堪えることができる。拷問されても自白しなかった中世の犯罪者などがそうだ。しかしこういう場合、苦しみの程度や苦しみにあらがう程度がいかなるものであれ、救いにはなんの役にも立たない。（同書）

補足エネルギーとは、自分にとって、善と思えるものに自在にふりあてられるエネルギーのことであるが、これこそ放蕩息子が持ちさった財産の分け前である。この分け前は魂がただの一歩でも永遠の方向に踏みだすに先んじて、あますところなく蕩尽されていなければならない。（同書）

自分の意志で、自分にとって善と思えるもののために——正義であれ何であれ——苦痛を堪え忍ぶかぎりでは、それは永遠とは何の関係もない。こうヴェイユは考える（ここから、ヴェイユが、サルトルの、レジスタンスをテーマにした戯曲のレヴェルをはるかに凌駕しているのがわかる）。なぜなら、善とは、それ自体で善であるのであって、人間にとっての善――いわゆる効用――ではないのだから。人間が自分にとっての効用にしたがって振り分けるエネルギーなど、善とは無関係なのである。それはたかだか、人間の意志の支配のおよぶ範囲内にとどまるのであって、つまり時間の内部にかぎられる。しかし、善は、時間を超え、存在を超えているのだ。善が人間にとっての効用とは無関係であることの発見を、彼女は、プラトンに帰している。そうであるとするなら、ジョルジュ・バタイユこそは、現代の最大のプラトニストというべきではないだろうか。実際、二十世紀のフランスにおいて、ヴェイユとバタイユほどに似通った精神を、私たちは他に見出すことができるだろうか。

二人は現実に出会っている。ボリス・スヴァーリンのところで。『青空』のシモーヌのモデルはヴェイユであるといわれているが、ともかくも二人は互いに嫌いあっていたらしい。それも容易に理解できるが、しかし、そのことをもって二人のあいだの隔たりの大きさとするわけにはいかない。むしろ、バタイユの蕩尽の思想を身をもって生きた――死んだ――のは、ヴェイユのほうだといえるからだ。ヴェイユは現に自分を犠牲として捧げたのだ。効用の彼方の善へと向けて、自らを蕩尽したのは、ヴェイユなのである。

彼女たちは、どちらも、ファシズムとの対抗関係において自らの思考を位置づけていた。二人にとって、蕩尽や犠牲はけっして全体主義的なものではなく、むしろ全体を超越するためのものであったはずだ。何らかの実体的な存在――民族であれプロレタリアートであれ――へと自らを犠牲として捧げるのではなく、その彼方へと向かって。ヴェイユにとっては、それは存在の彼方の善それ自体であり、バタイユにとっては、それは悪であった（悪こそが善の「それ自体」である、というのは、バタイユのヘーゲル主義者ぶりを示しているともいえる）。

バタイユにとって文学とは、目の前で死んでいく者の――私が殺したのだ――苦痛の永遠性そのものである。人々が目を背けるものから目を離さないこと。これが文学の務めだろう。もちろん、そのようなものを見続けることができる目は、果たして人間の目であるのかは疑わしいが。もはや人間のものではない目、抉り出された、虚ろな目だけが、その目撃者となれるのかもしれない。そのような目が、文学を可能にしているのかもしれない。文学作品と読者の関係も、一種の犠牲なのかもしれない。作品を可能にする死者の目は、私の身代わりである。私の代わりに、私が見ることのできないものを見るのだ。私が、作品を犠牲にしている。しかし、私は、作品を読むことで、自分を作品のために犠牲にする。なぜなら、私は、作品によって、乗っ取られるのだから。作品は私の身体を通して、この世に存在するようになるのだから。私の個別的な利害、善、効用といったものを超えたところに作品は存在する。作品は私の犠牲を要求するのだから。だから作品は悪なのである。文学は、あるいは、芸術は、単に自律しているのではない。社会の他の領域とは離れたところにいて、独自の、特権的な自由を享受しているのではない。それは、人々に犠牲を要求するのである。なぜなら、それは、最初に人々の身代わりとなったからである。それは、人々の失った目である。

ところで、ハイデガーは『芸術作品の根源』において、作品をある絶対的な古さから捉えようとした。なぜ、古代ギリシャの神殿が、また古代ギリシャの壺が、私たちにとって芸術作品であるのか。それは、私たちには、それが使いようがないからである。それを使っていた者たちがすでに死んでしまい、私たちには使い方が分からないからである。もちろん、これは経験的なことをいっているのではない。芸術とは、それがどれほど新しくても、この世の時間では計れないほどに古いのである。ゴッホの描いた靴を私たちが履くことができないのはそういうわけだからである。セザンヌの林檎を食べることができないのはそういうわけだからである。それらは、この世界に出現した当初から、あまりにも古い。時間が、経験することのできない時間が、作品と私たちを隔てていて、私たちは作品を使うことができない。ゴッホの『靴』、セザンヌの『林檎』と、私たちはいう。それは靴であって靴ではない。林檎であって林檎ではない。それはひとつの個物でありながら、分割されている。それは、林檎にして林檎の墓、靴にして靴の墓なのである。この分割——形而上学では形相／質料と呼ぶ——を可視化するのが、ハイデガーにとっての、作品の存在なのである。私たちが、普段の、日常生活の、さまざまなモノの使用の中では忘却している、この分割、モノの起源、モノをそのモノたらしめる形相と質料の分割——それは、そのものの由来として、そのモノ自身を指し示すという身振り以外のものではない、そのものの起源として措定されたそのモノ自身が質料なのである——を、芸術作品は想起させるのである。ハイデガーにとって、芸術作品とは、このような、形而上学を可能にするような「前」と「後」の分割そのもの、つまり、歴史そのものの始まる場所である。したがって、芸術作品は「根源」なのである。しかし、それは歴史の「根源」であり、あまりに歴史的なものではないだろうか。

だが、バタイユにとって、犠牲において作品を捉えるバタイユにとって作品とは何だろうか。バタイユにとって、作品は「根源」なのだろうか。少なくともそれは、ただの墓ではないように思える。もしも墓であるとするなら、そこに閉じ込められているものが、おとなしくいうことを聞かない墓であるだろう。それは、ラザロであるよりはレギオンであるに違いない。質料が、下にあるもの、基体ないし実体であるにしても、バタイユにとって下とは、中立的な価値ではない。グノーシスを論じながらバタイユは、下方の唯物論について語る。Matière de base、基底にある物質であるとともに、低級な物質。そのような物質が、グノーシス主義では、無頭の神々としてイメージされる。それは、私たちの自己イメージとは似ても似つかないような異様な神々である。ギリシャ的な、美の体現者とは対極にある神たち。私たちに吐き気を催させるような、それに対して同一化のしようがないような神々。これらの神々は、たしかに下方にいるのだ。だが、いったい何の下方に？　それは、歴史の下方である。グノーシス主義にとって、歴史とは、墓以外の何ものでもない。歴史の根源に墓があるのではない。歴史そのものが墓なのである。

ポリスとは、巨大な墓である。それは石でできた『イーリアス』なのだ。それは死者たち、戦争で自分たち――「われわれ」――のために死んだ死者たちを記憶しておくためのものなのだ。歴史とは、このように、死者たちの中から、自分たちのために死んだ者を選び出す操作である。自分たちの過去と他者の過去とを選り分ける操作である。そのかぎりで、過去と現在、そして未来を弁別できるのだ。「ヒストリア」――そもそもは探究一般のことである――が、「歴史」の意味になるのは、「これが私たちの由来、私たちの過去、私たちの起源なのだ」といえるものを、選別する身振りにおいてである。そうであるとするなら、個物の由来を、それ自身のうちに――「それ自身なるもの」An-sich として――探究すること、つまり、個物を形相と質料へと分割することと、「歴史」とは、完全に一致する。

だから、歴史は私たちの牢獄なのである。「第三帝国」を一つの作品として、したがって、根源的なものとして構想するハイデガーたちと闘うために、ナチスの「精神」と闘うために、ヴェイユとバタイユが呼び出すのはグノーシス主義である。

アンリ＝シャルル・ピュエシュは、「グノーシス主義と時間」という論文の中で、ギリシャ的な時間が円環、キリスト教的な時間は直線でイメージされるのに対して、グノーシス主義は、破線によって表象することができると述べている。ピュエシュによれば、キリスト教的な時間は、ギリシャの影響を受け、創造と終末を時間の中の出来事として理解する。過去は未来を予表し、未来は過去を完成させる。終末論は、歴史の終わりであって、歴史の完成ではあっても、非歴史的、非時間的な出来事ではない。神が歴史の中に介入し、歴史を完成させる、一回的な、繰り返しのきかない時間がカイロスであり、このようなカイロス的な瞬間として、歴史上の各瞬間が理解されるのが、キリスト教的な時間－歴史認識なのである。つまり、カイロスは歴史を破壊するのではない。歴史を完成させるのだ（ハイデガーの実在的な時間概念が、何よりもカイロス的なものであったことを思い起こそう）。それに対して、グノーシス主義は、そのような、時間の堆積としての歴史を認めない。時間とは、虚偽pseudos――嘘――であるとグノーシス主義者は考える。時間は、私たちに嘘をつき、私たちを騙す。なぜなら、それは救済のイメージを私たちに与えるからだ。しかし、救済は時間のなかにはない。救済は、何らかの時間的な完成ではない。

ギリシャ的な円環の時間も、キリスト教的な直線の時間も、イメージと実体との関係――その連続性――を、時間の中に、あるいは、時間的に設定している。実体の後にイメージが来るか、イメージの後に実体が来るのかという、順序としては、反対であっても、これら二つの時間の概念はいずれも、前／後という関係とその連続性を共有している。グノーシス主義は、この前後関係と連続性の否定なのである。歴史の中で与えられるイメージは虚偽——偽メシア、アンチ・クリスト——である。本質と現象の差異を、時間の中で構成するような議論の、それは批判である。

終末論が、時間の完成を時間の中で待ち望むとするなら、グノーシス主義者は、時間の破壊、時間の破棄を待ち望む。なぜなら、時間をいくら積み重ねても、そのことには意味がないからだ。過去に努力したり、苦しんだり、あるいは、失敗したことが積み重なり、いわば、それへのご褒美として救済がやってくるのではない。そんなかたちで過去を救済するために未来があるのではない。たしかに、解放は過去を救済するにしても、それは現在との連続性においてそうするのではないだろう。現在を可能にした「犠牲者」として、過去を救済するのではない。

「歴史」上、「民族」や「国家」というものが、そのような犠牲者化を通じて、過去を現在の「前段階」へと変形してきたのは周知のことである。カイロス kairos、つまり、歴史を完成させるために介入してくる手 cheiros は、たとえば、今日、「民族浄化」と称して、女たちを強姦する手であり、また、隣人に向けて銃を構える手である。キリスト教的なアレゴリー（寓話的解釈）が、他者の過去を自分たちのイメージへと変えるように、今日、現実的なアレゴリーとして、歴史の連続性を完成させるべく、戦いが続いている。解釈学とは、このような戦争、殺戮である。歴史の連続性を完成させる解釈学に抗していかなければならない。バタイユにとって作品とは、そのような解釈学に、ということは歴史に、抗するものであったに違いない。作品は自らを犠牲とする。ちょうどシモーヌ・ヴェイユが自らをそうしたように。それは、無に向けての捧げものだ。何かを犠牲として、自らの「自己」を生み出すのとは、つまり、歴史とは、逆向きの身振り。

そのとき、私たちはその苦痛の永遠性の前に立たされる。それだけが、イデアの分有だけが、コミュニケーションの空間を開くのである。

［一九九六年一一月］

Essentia——名と叫び

ジョットの磔刑図に描かれた、嘆き悲しむ天使たち。イエスの十字架の周りを、顔を歪め、泣き叫ぶようにして、飛び回る天使たち。だが、その姿は奇妙な静けさを感じさせる。私たちにはその叫びがまるで聞こえないかのようなのだ。天使たちの悲しみが、声なき叫びとしてのみ表明されるとしたら、それはなぜなのだろうか。

中世ヨーロッパにおいて、天使たちの言語について、さまざまな議論がなされてきた。たとえば、ダンテなら天使は言葉loquitioをもたないというだろう。なぜなら、天使は完全な知性であり、他者——他の天使を含めて——の思考をすべて、知っているからである。天使は互いに直接に認識しあう。ある思考が生起したなら、その瞬間に、何の遅延もなしに、他の天使は、それを知る。天使たちにとって記号は余計なのだ。だが、ジャン＝ルイ・クレチアンが指摘するように、ある意味ではこれこそが純粋なコミュニケーション、コミュニケーションの理想ともいえる（「スコラ学における天使の言語」『裸形の声』所収）。天使的コミュニケーションは、人間にとっての、とりわけ、今日の私たちにとっての理想なのである。一切の媒介も遅延もない、直接の伝達。この意味では、天使たちに欠けているのは、思考の媒体としての言語ではなく、むしろ、発話であり、声であるといえるだろう。天使たちは声を上げることができないのだ。

それに対して、動物のことを考えてみよう。ダンテは、言葉をもたぬものとして、天使のほかにも、もう一つ、動物を挙げる。動物は天使の対極である。なぜなら、動物に欠けているのは言葉であって、声ではないのだから。アリストテレスも指摘するように、声ならば、人間だけではなく動物ももっている。だが、動物の声とは、いったい何だろうか。ヘーゲルならこういうだろう、暴力的な死において、すべての動物は声をあげる、と。

一方には、死にゆく動物たちの叫び声があり、他方に、神の死に立ち会う天使たちの声なき嘆きがある。ここにおいて、天使と動物とは密約を交わす。人間たちの知らないところで、言葉と声をともにもつものの知らないところで、叫びをもたぬものと叫びしかもたぬものとが約束を交わす。天使たちは、人間の理想とされるままにはなっていない。クレーやベンヤミンの描く天使のイメージが爪をもっているのは、動物と天使のこの盟約によるものにちがいない。

死にゆく動物は、最後の声をあげる。叫ぶ。それは純粋な外面性、内なき外である。もはやそれは、表現されるべき何ものをももたないのだから。その声が、それに対する表現であるような何かが、もう存在しないのだから。だが、その叫びは、この世界に残響をとどめている。微かではあっても、誰も聞き取れないほどであっても。天使は、その声を捉え、その声の力を自分のものとしようとする。天使たちは、動物たちの声に交じり合う。

考えてみよう。名 onoma, nomina は、声である (ein Name, ein Ton meiner Stimme と、ヘーゲルはいう)。この声こそが、事物の本質である。なぜなら、ベンヤミンもいうように、神は、名によって世界を創造したのだから。けれど、本質が声であるというのはどういうことだろうか。ヘーゲルにとっては、それは個物の消滅を意味している。個々の存在、つまり、実在 Existenz, Dasein が滅び去り、その後に残るものこそが普遍であり、本質なのである。死にゆく動物は個物であり、実在である。その後に残る声が普遍であり、本質である。逆にいうなら、声をあげるものは、その瞬間瞬間に死んでいるのだ。音をたてるものは、その瞬間に滅びるのだ。死にゆくもの、滅び行くものに対して私たちは何もできない。もしも何かできるのだとしたら、それはきっと、その声を繰り返すことぐらいのものだろう。だから、私たちは、そのものをそれの声によって呼ぶ。その音を繰り返すことによって呼ぶ。幼い子どもが、犬のことを「ワンワン」と呼ぶように。子どもがいつもそうしているように、私たちはいつも、失われたものに向かって呼びかける。名を呼ぶこと、それは喪の儀式である。

それが名である。名は、それが名指すものとは似ていない。その姿とは似ていない。しかし、それがたてる音とは似ているのかもしれない。私たちにできることといったら、その音を模倣し、繰り返すことでしかない。それはちょうど、ギリシャ語で「名 onoma」という語が「存在 on」の響きを繰り返しているのに似ている。似ても似つかないもののあいだの類似であり、模倣、それが名なのだ（この類似が、本質を構成する）。それは、つねに形見である。

名を呼ぶこと、それは私の無力さの表明にほかならない。もしも、それ以外のことができるのなら――たとえば、駆け寄って抱き起こし、手当てをするとか、あるいは、襲いかかる敵を倒すとか――、私はそうしただろう。しかし、それができないから、ただ名を呼ぶのである。神について何も叙述できないから、人々はただその名を呼ぶのである。だが、それは神の名についてばかりではない。名を呼ぶことは、それが何の名であったとしても、そのような無力さの表明である。それが失われたことに対して、自分が何もできなかったということの表明である。ひとは、何ものかを――それが石であれ、ハンマーであれ、あるいは、家畜であれ、人間であれ――道具として使いこなしているときには、その名を呼びはしない。使いこなすために、手元にそれを留め置いておくことができるなら、それを呼んだりはしない。名を呼ぶことは、使用の中断であり、ある「できない」である。名は、言語のただなかにある、人間の無能さの徴なのである（名を呼ぶことは、何ごとかを述べることではない。述べるための言葉 rema と、名指すための言葉 onoma とを、古代の人々ははっきりと区別していた）。

人間の声は、したがって、叫びのためのものであるというよりは、はるかに名を呼ぶためのものなのである。ベンヤミンは、創世記において、神がその名を呼んで創造したのではなく、その素材――塵――を明示しているのが人間だけであるということに注意を促している。およそすべての個物は、その消滅に際して――そして、ヘーゲルのいうところによれば、暴力によって消滅させられるときにこそ――、それによって神がその個物を創造した、そのものの名を明かす。その声のエコー、それが、人間たちが語る名なのである。あるいは、その名が、この世界に残響をとどめるための媒体が、人間の声なのである。それでは、人間は？　ベンヤミンは、人間たちが唯一、その同胞を自ら名づける存在であると指摘している。だから、人間の名は失われやすいのだ。小さな石でさえも、それが崩れるときには音をたてる。それは、たしかに微かなものであるかもしれないし、また、誰に宛てて発せられたものではないにしても。では、人間はどうなのか。人間は互いに呼びあう。なぜなら、人間が人間を名づけたのだから。つまり、人間の声には、人間の言語には、宛先 destination があるのである。

人間の言葉は、誰かから送られ、誰かに送り返される。

ウラド・ゴジックは、理論というものを、全体化する言説によって抑圧された者の叫び、そのような言説によって掻き消されさえしてしまう叫びの、遠い反響であるという（『リテラシーの文化』、序論）。この点で、理論とはやはり名なのである。理論は、少なくともその最終審においては、記述ではなく、呼びかけ、名指しなのだ。それは記述するものではない。理論 theoria という言葉のもともとの意味を考えてみればいいのかもしれない。もともと、この言葉は、あるポリスから別のポリスへと派遣された大使であり、相手先のポリスで行われる儀式を、それに参加することなく、ただ見るだけの者たちをいうのだから。そこに参加することのできない、ただ、見るだけの無力さ。それを理論は、いまだ分かちもっている。それは証人なのである。必ずしも自分たちに向けられたのではない叫びを、誰かに向けて語る。自分の見たことを語る。自分の聞いたことを語る。この意味で理論は、動物の叫び、死にゆく者の、誰に向けられたのでもない声と、人間の声との境界なのだ。理論は叫びを模倣する。理論とは、名を呼ぶ者である。

叫びとは、文字のうちに秘められたものではない。声の外面性をこそ捉えなければならない。ヘーゲルは、消滅する事物を記憶のうちに保存する。意味というのは、ヘーゲルにとって、消滅し、記憶となった個物のことである。つまり、意味とは、言葉であり、いいかえられる何ものかである。それは、解釈の対象なのである。しかし、名は解釈されず、いいかえられない。私たちは、名に対しては、いささか不器用にではあれ、その音を繰り返すことしかできない。だから、名は翻訳されない。私たちは、名を受け取ることしかできない。あるいはそれが翻訳され、また変更されるときには、それはもはや名ではない。名が変えられるとき、そこに不正がある。

したがって、名は解釈学の躓きの石である。解釈学は、言葉を、あるいは、広く記号というものを、何か別の記号を秘めた存在と捉える。フーコーが『言説の秩序』で指摘するように、解釈学的身振りが前提としているのは記号の豊かさ、その多産性である。記号は記号を生み、テクストはテクストを生む。一つの作品から、なぜこれほど多くの批評が生み出されるのか、という問いを立てては、それこそが記号の多産性の証拠であると、解釈学は答えるのだ。だが、名は貧しい。その貧しさは、『論理哲学論考』のウィトゲンシュタインが、名についてどれほどわずかの言葉しか費やしていないかを思い起こしてみれば分かるだろう。名について、人はほとんど語りようがないのである。たしかに、プラトンは『クラテュロス』で、ソクラテスに、名について饒舌に語らせはした。そこでは、「名onoma」を「述べ言葉rema」に還元しようという試みさえなされた。しかし、この対話篇の帰結は自己破壊的である。なぜなら、この対話篇はもともと、名を通して事物を学ぶことができるかを問うていたのだが、結局、事物を学ぶには事物から直接学ぶべきだ、という結論になっていくのだからである。音の類似によって、名を別の言葉(述べ言葉)で置き換えるという試みは、音と身体の身振り——運動——のあいだの、似ていないもののあいだの類似=模倣にまで遡られる。そしてその挙げ句、名は、事物の記述としては当てにならないことが宣言されるわけだ。

たしかに、名は、事物の記述としては当てにならない。しかし、それは、事物と名とが無関係であるからではないだろう。むしろ、その反対なのではないか。名は事物の本質を現わす。いや、そうではなくて、名は事物の本質である。そうであるからこそ、それは記述とは無縁なのである。現代の論理学的哲学が語るように、ソクラテスをソクラテスたらしめるものは「ソクラテス性」とでもいうよりほかないものである。そこでは、本質とは、名の繰り返しになる。「ソクラテスの本質は、「ソクラテスは白い」というときの、「白い」が、ソクラテスの本質ではないとしたら、ソクラテスであること」以上でも以下でもない。つまり、本質は記述とは無関係なのである。本質 ousia, Wesen とは、ロゴスにおいて、さまざまな述語がそれに対して付加される当のものである。いいかえるならば、それは、述語ではないものなのである。

今日私たちが「本質」と呼ぶものは、ギリシャ語のウーシア ousia の訳語である。このウーシアは、二重のあり方をする。摑まれるものとしての個物と、語られるものとしての本質である。ウーシアの、この二重性、手で摑まれるものの秩序と言葉の秩序に属すという帰属の二重性、それが、そのものにおいて、あるいは、それ自体において考えられなければならないとしたら、それは、そのもののあげる声であり、叫びであるにちがいない。私がそれを摑むことと、私がそれについて語ることのあいだに、それの声が、それの叫びがある。私は、その声を受け取るのだ。摑めもせず、語れもせず、ただ受け取り、繰り返すだけのもの、ものの名。

ものの名、あるいは、本質の外面性を理解しなければならない。それは、声であるのだから。声と同じように、それは秘匿されたものではない。それどころか、それは、声／本質は、特定の宛先さえもたない。声が、つねに、特定の宛先 destination、つまり、運命 destiny をもつかのように振る舞うのが、私たちの国家であり、「民族」である。それは、声を囲い込む。たとえば、民衆の声、民族の声――民族精神――として、声を、ある共同体のうちに、文法を共有する、特定の言葉――言語学でいう「ラング」——の同一性によって規定される共同体のうちに閉じ込める。声を、理解と解釈の共同体のうちに封じ込めるのだ。

解釈の共同体は、声を聞き取ることができるのは、それの宛先として資格をもつ者だけであると主張する。たとえば、『形而上学入門』でハイデガーは、哲学の言語としてのドイツ語を褒め称える。ドイツ語だけがギリシャ語を翻訳しうるのであり、唯一の形而上学の言語であると、ハイデガーは主張する。古代ギリシャにおいて語っていた存在の声を聞き取れるのは、今日、ドイツ語を解するものだけであるというのだ。だが、声は、特定の言語、特定の共同体を超えて響くものだ。声は、いつも縁にある。それは、肉体＝物体の縁であり、そしてまた、共同体の縁である。ハイデガーが声を言葉のうちに閉じ込め、特定の宛先にのみ向けようと、声を占取しようとする、まさにここのところに、天使と動物が連れ立ってやってくる。宛先をもたぬ言葉——バンヴェニストのいうディスクールを欠いた、純粋なランガージュとしての言葉——である天使と、宛先をもたぬ声である動物とが。

犠牲 sacrifice とは、何だろうか。何のために動物が殺されなければならないのだろうか。それは、声に目的を与えるためではないか。本来宛先をもたぬ動物の叫びに宛先を与えるのである。それが共同体を創出する。その共同体とはもちろん言葉の共同体であり、それはその核心に声を秘匿する。声を共同体のうちに深く埋め込み、その声の送り手と宛先として、共同体の境界を区切るのである。それゆえに、犠牲の血こそが、私たちを運命へと差し向ける。犠牲者のあげた叫びこそが、共同体の秘密、その解釈の核である。誰もがその存在を知っているが、その名を知る者は誰もいないような犠牲者、それが、共同体の秘密、その核心なのである。

したがって、公共の場で、そのような秘密の犠牲者の名を呼ぶことは危険である。南米の軍事政権下で、数多くの「失踪者」が出たとき、誰もがそれが何を意味しているのかを知っていた（それは、ナチス・ドイツのもとで、隣人の「ユダヤ人」が「突然」いなくなることが何を意味しているのか、多くの人々がうすうすは知っていたのと同様である）。しかし、その知は、恐怖の記憶として個人の中に深く秘められ、それが体制の維持を可能にしたのである。だが、それに対して「失踪者」たちの母やパートナーたちが抗議の行動を起こす。彼女たちは公共の場に姿を現わし、誰もがその存在を知っていながら、口にはできなかった死者の名を呼ぶのである（彼女たちの沈黙の身振りによって）。

すでに公共化された記憶の中で、名をとどめた死者たちの名を呼ぶのではなく、共同体の秘密として秘匿された死者たち――それは、「味方」や「同胞」ばかりではない――の名を呼ぶこと。共同体を創出する犠牲に抗すること。この名は私たちのものだ、という、声の占取の身振りに抗すること。それが、声の共同体である。声は、それが差し向けられた相手、宛先以外にも届いてしまう。どんなに小さな声で囁かれた会話も、つねに、誰か別の者に聞き取られる可能性がある。あるいは、一日の労働の後、一人で、自分でも気づかぬうちに漏らすため息でさえ、誰かに聞き取られる可能性がある。

宛先を逸れた声をすべて聞きとる者がいる。それが天使である。ちょうど、人間が、鳥たちの声、けっして人間に向けられたのではない声を囀りとして、歌として聞き取るように、天使は、万物の立てる声を聞き取る。天使はどの声の宛先でもないがゆえに、すべての声を聞き取るのである。天使は、すべての声を知る。つまり、すべてのものの名を、すべての本質を知る。天使は、完全な知性であり、すべてを瞬時に知ってしまう。他の天使が思ったことも、その瞬間に知られてしまうのである。天使的コミュニケーションとは、このような遅延なき理解である。天使に記号が、声が必要ないのはそのためである。しかしそれだからこそ、特定の宛先をもつメッセージを発することはできない。天使は何も隠すことができないから、特定の誰かに向けて――裏返していうなら、誰かには向けないで――メッセージを発することはできないのである。天使的コミュニケーションは、人間たちにとって、コミュニケーションの理想であるとともに、また、コミュニケーションの零度であるともいえる。完全なコミュニケーションは、コミュニケーションの不在に等しい。つまり、そこには何も起こらないのである。天使は、宛先をもたず、運命をもたない代わりに、出来事ももたない。天使とは、全智にして無能な存在なのだ。天使とは、死にゆく存在に対する全き無力さの形象化なのだ。天使にできることは、ただ、声を、名前を、記憶にとどめておくことだけである。

それに対し、人間は忘却し、想起する。人間はすべての声を聞き取れるわけではない。万物の声を聞き取れるわけではない。そして、わずかに聞き取った声さえもすべて覚えていられるのではない。人間は聞いた声を忘れ、そして、後に、それを意味として想起する。このような忘却／想起が、歴史をかたちづくる。歴史化とは、声の忘却であり、名の忘却であり、すべてを意味として思い出すこと、つまり、自分にとっての意味＝有用性から思い出すことである。歴史とは、声を焼き尽くし、意味を蒸留することである。共同体を超えて聞き取られる声を焼却炉にくべて、「精神」の炎を燃えあがらせる。その精神の炎は、限られた者しか見ることは許されない。それが歴史なのである。

私たちは、天使と動物との力を借りて、声を繰り返すすべを身につけなければならない。動物の声と、天使の記憶とを借りて、内化＝想起とは別の記憶を、声自身の記憶を、本質の想起を。アリストテレスが、人間を、神々――一神教的にいうなら天使たち――と動物の双方と対比しつつ政治的な存在と規定していたことを思い起こそう。それは、人間の共同性が、宛先をもたぬ者たち、すなわち、声である声と、言葉である言葉との境界線においてのみ、存在しうるということである。政治とは、ただの共同体、人間が複数集まって存在するということではない。そうではなくて、人間が互いに自分の言葉の宛先と思う相手との関係を超えた何かとの抗争を通じて、人間の共同性が規定されるということ、これこそが政治なのである。私が私宛ての言葉とは思っていないような声との関係において、私の属する集団の共同性が問い直される過程こそが政治なのである。難民の声や死者の声が、私たちの共同体と、その利害を問い糾す、それが政治的なものの本質である。何をいっているのか、私たちには理解できない叫び、それが、名であり、本質であった。その本質を受け止めること、つまり、私たちが相手の声を繰り返すことでしか対応できない、何をいっているのか理解できない、解釈できない者に応じていくことが、政治なのである。

〔一九九六年一二月〕

法の彼方――正義

ベンヤミンは、「歴史の概念について」と呼ばれる遺稿で、こう書いている。

被抑圧者の伝統は、私たちにこのようなことを教えてくれる、すなわち、私たちがそれを生きている「非常事態〔例外状態 Ausnahmezustand〕」こそが、被抑圧者にとっては、常態〔規範 Regel〕であるのだということを。

ここで、非常事態＝例外状態について考えるためには、当然、カール・シュミットを参照しなければならない。なぜなら彼は、主権概念をまさに例外状態に関する決定によって定義するのだから（『政治神学』参照）。主権者とは、現行法体系が適用されない例外を定義し、現行法を停止して、それに対処することができる存在のことである。つまり、通常状態と例外状態との区別を決定し、決断する存在が主権者である。彼は、「政治なるもの」を可能にする根源的分割を捉えようとしている。シュミットにとってそれは、法の彼方の国家の存在である。法は停止されうる。しかし、それは、国家の生き残りのために、なのであって、法の停止によって、同時に国家も解消してしまうのではない。むしろ、純粋な国家——純粋絵画や純粋言語と同じように純粋な、国家でしかない国家——がそこに出現する。法による媒介なしに、直截に、純粋に、国家が現前する。それが例外状態である。したがって、例外状態は、国家以前の状態としての自然状態ではない。それはあくまで、国家そのものを可能にする、国家の外部なのである。

シュミットは、法を意味するギリシャ語の「ノモス nomos」が、もともとは「取る」という意味であって、まさに、ドイツ語でいう「取得 nahme」に相当するという（『大地のノモス』参照）。法の根源にあるのは、まず大地の取得であるという。土地の分割に先立って、まず、土地の取得があるのだという。それでは、そもそもその取得されるべき土地はどこにあるのだろうか。それが、「取得 nahme」に先立つのであるとするなら、そして、それを、取得の外にあるものと捉えてよいのだとしたら、まさに「例外（取得の外 Aus-nahme）」こそ、取得の対象であり、その意味で取得を可能にするものであるだろう。それは、『大地のノモス』において、ヨーロッパ公法秩序を可能にしたものとして名指されている、アメリカの存在である。つまり、ヨーロッパによって、自由に取得してよい、開かれたものとして「発見」された「空間」の存在である。それ以前のヨーロッパにとっては、異教徒の空間は、別の法の支配する、トポロジカルに異なった空間であった。それが、アメリカの「発見」に関しては違ったのだ。もちろん、一四九二年以前から、今日アメリカ大陸と呼ばれる地域とヨーロッパ人とのあいだに交渉はあった。しかし、それは「発見」ではない。シュミットは、ヨーロッパとアメリカとのこの遭遇において、ヨーロッパ人がアメリカを発見したのであって、アメリカの先住民がヨーロッパを「発見」したのではないことを強調する。なぜなら、一四九二年の「発見」によって、ヨーロッパ人にとって、世界は初めて、連続な空間——その全域においてヨーロッパの法が適用される——となったからである。つまり、新大陸を「取得」の対象として見出したのである。

十六世紀においては、新大陸における征服戦争の是非が神学上の大きな論争の的となった。それは、異教徒に対する戦争の原因 causa を問う、中世以来の「正戦論」の枠組みに則っていた。ここで問題となっているのは、キリスト教徒と異教徒との戦争である。それは、スペイン人とイングランド人との戦争でもなければ、スペイン人とアメリカ人（先住民）との戦争でもない。つまり、国民や国家のあいだの戦争ではなく、あくまで宗教戦争なのである。宗教戦争であるかぎりで、宗教的権威が、その戦争の原因の正しさを決定できる。だが、ヨーロッパの内戦は、それが、カトリックとプロテスタントとの宗教戦争であるがゆえに、宗教の権威を解体する。世俗君主に対する上位の権限としての宗教的権威が喪失した後に、国家が——君主が——、その決定権限を、きわめて形式化した上で引き継ぐ。それが、「正しい敵」——別の主権国家——を承認＝決定する権限をもった「主権国家」である。主権国家とは、宗教戦争を国家間戦争に置き換えることで、国家間——君主間——の合意というかたちで内戦の終結を決定可能にするシステムであるといえる。しかし、もちろん、そのとき国家として互いに承認しあうのはヨーロッパに限られる。それは、ヨーロッパの外部の空間には主権が存在しないということであり、ヨーロッパの自由な空間取得に対して、それは開かれているということである。ここにおいて、ヨーロッパの外部の空間における戦争とは、もはやヨーロッパ対非ヨーロッパ（キリスト教対異教）の戦争ではなくなった。それは、ヨーロッパ間の空間分割、植民地分割のための戦争なのである。いいかえるならば、非ヨーロッパにおいて闘われるヨーロッパ対非ヨーロッパの戦争は、「正しい戦争」ではなく、内戦なのである。それは、犯罪者、非人間に対する処罰となる。シュミットによれば、十七世紀以降、「発見」こそが土地取得のための権原 title なのである。正しい原因による戦争の結果として相手の土地を獲得する、という手続きさえ不要となった。なぜなら、非ヨーロッパは、対等な他者ではないからである。それはむしろ、「自然」なのである。まさしく、ピュシス、おのずから立ち現われるものであり、その出現が、十全に開花するためには、ヨーロッパのテクネーを必要とする、そんな「自然」なのである。かくして、ヨーロッパの国家の闘う相手は、たといそこが非ヨーロッパであったとしても、他のヨーロッパの国家となった。

ヨーロッパにおけるキリスト教同士の内戦は、主権国家化によって、国家間の正規戦となる。その主権国家によって、キリスト教徒と異教徒とのあいだの戦争は、植民地における内戦となってしまう。内戦のこの転位、これこそが主権国家の意味である。内戦こそが、主権国家が主権国家として存在するために不可欠の、しかし抑圧しなければならない、その本質なのである。内戦は、社会契約論においては、自然状態として把握される。つまり、国家の起源ないし原史である。いわば、主権国家が植民地というかたちで空間的にヨーロッパの外部に追いやったものを、社会契約論は、歴史化して自己のうちに抱え込む。政治体 polis が、その起源として自然 physis を自己のうちに包摂するのである。社会契約論は、ホッブズからルソーにいたるまで、社会状態＝主権国家を、自然状態の別なかたちでの回帰として捉えている。あるいはこういった方が適切かもしれない。社会状態とは、形式をともなった、形式を付与された自然状態である、と。いいかえるならば、ホッブズやルソーが明晰に理解していたように、自然状態とは、社会状態から形式を取り去った残り、つまり、質料なのである。

自然が、政治の、いわば第一質料 prima materia として想定される。まさに、想定されている。政治の存在から遡ってその存在が要請される何かとして、自然が考えられている。そこでは、抽象的な「力」や「強さ」にまで還元された生、内戦を担う生、「狼である人間」を、「自然」と呼んでいるのである。それが、情念の政治化である。情念とは、私たちの中の狼――人間とは別の、獣としての狼のことではなく――であり、政治の質料としての自然、社会状態――政治体――の内部の自然である。ホッブズにおいて、恐怖が政治の原理となる。恐怖が、法的な合意――法に則った、というばかりでなく、法の存在そのものへの合意という意味でも――の根底に置かれる。内戦の精神からの国家の誕生。その境界線、自然状態と社会状態のどちらにも属さない場所に――あるいはむしろ、その両方に属する場所に――社会契約は、国家形成は、存在する、つまり、恐怖が。内戦から国家への移行のその場所に、法的合意、法の存在への合意が、国家の存在への合意というかたちで存在する。政治と法は――国家において――社会契約の「以後」においては、一致してしまう。そして、自然状態と社会状態との分割に収まりきらないアノマリーとしての恐怖が、法の存在に還元されない政治的なものの剰余分として、社会状態の内部に、国家の本質として存続する。

シュミットにとって、法に還元されない政治の存在が例外状態であり、そこにおける純粋な国家の存在であった。彼は国家は法によってではなく、政治によって規定されなければならないという。それはいってみれば、社会契約論が「歴史」化し、内面化した国家の起源を、いま一度、空間化するのである。法の前の時間ではなく、法の手前の空間。内戦、植民地、秘密警察、そして、今日ではさまざまな収容所が、この空間、「例外状態」であるといえるだろう。それらは、主権国家の純粋な現前であり、その本質である。シュミットの重要性は、社会契約論が「自然状態」として、つまり、主権国家の「前史」というかたちで歴史化して、国家のうちに仕舞い込んでしまったかに見えた「国家の存在」を、もう一度、「例外状態」として、国家と共時的に存在するものとして明るみに出したところにこそある。それは、ナチス・ドイツによって市民権を停止させられた「ユダヤ人」の存在であり、また、「ユダヤ人」をはじめとして多数の人々を収容し、殺した強制収容所の存在である。シュミットは、「正しい敵」にこだわり、ヨーロッパ公法秩序にこだわるがゆえに、「正規戦」、「制限された戦争」の本質である、非戦争としての殲滅戦の存在を暴いてしまう。この限りで、シュミットは深く――シュミットの失脚後も、ナチス法学者の地位を保った者たちよりも、一層深く――、ナチの思想家なのである。

ベンヤミンは、このような例外状態から始める。つまり、法の外こそが彼の思考の場所である。彼の「暴力批判論」は、また、法の批判でもある。それが自然法であろうと、実定法であろうと、法は、暴力と切り離せない。自然法であるならば、自然状態において、個人は、権利として暴力を行使する。実定法であるならば、国家が暴力を独占するのであって、そこにあるのは、ただの暴力の禁止ではない。どちらの場合も、暴力は、つねに可能性として、法のもとにある。自然法論では、目的との関係において、手段としての暴力の正統性 legitimation が問題にされる。それに対して、たとえば法実証主義では、目的とは関係なしに、暴力の合法性 legality が問題になるだろう。いずれにせよ、合意を形成するための条件とは、暴力である。その暴力に対する恐怖である。「真理ではなく、権威が法を作る」とホッブズがいうように、法の根底には一種の力に対する怖れがある。

ベンヤミンは、法の存在そのものと関わる暴力を神話的暴力と呼ぶ。なぜ法が神話と密接に関わるのか。なぜ、法は神話的な存在なのか。神々は、顕現する。ゼウスがさまざまなものに化けて人間の前に現われ、そして、突如その本性を明らかにするように、エピファニーにおいて、人間であれ、動物であれ、あるいはその他の自然現象であれ、自然物が、感覚の対象が、実は神であったことが顕わになる。これが、法措定（制定）暴力である。それは、法を法として受け入れさせる。つまり、ある個別なケースを普遍化可能なものとして受け入れさせるのである。それは、その個物は、そのとき、それ自身であるのではない。それ自身から引き剝がされている。この引き剝がしの暴力が、法措定の暴力である。それに対して、法維持暴力は、法を破った者、その意味で、不正を働いた者に報復する暴力である。それは、運命である。神々の正義とは、何も、不正を犯したその人に報復するとはかぎらない。前世代の責任を負って、処罰されなければならなくなるかもしれない。このような罪の転位として、運命は考えられる。そして、罪を転位していく――世代から世代へ、「生まれ」を通じて――のは、法である。法は罪を許す力をもっていない。そのとき、法こそが暴力を生む。法は、一つの暴力を別の暴力に置き換えることしかできない。このようにしてかたちづくられる暴力の連鎖が、「法の維持」であり、国家の同一性である。

法的合意の条件とは、相手が合意に反したときに報復する権利を、つねに留保しておくことである。自分自身が暴力を合法的に行使できないときであっても、しかるべき権限をもったものが、合法的に、報復を行い得ることへの合意として、法的合意は存在する。法は、このかぎりで、つねに合法的な暴力を含んでいる。したがって、ベンヤミンはそこには正義は存在しないとみる。ある合意は、それが法的合意であるかぎりは、不正なのである。なぜなら、そこには、「自分のいうことをきかないならば、何がしかの報復が、暴力の行使がありうる」と、におわせるかぎりで維持される関係だからである。合意の当事者が、互いに等しく暴力に訴えうる可能性をもっていたとしても、それは正義とはいえない。平等の観念が正義の観念と分かちがたく結びついているのはたしかだが、平等とは、ベンヤミンがいうように、同じだけの大きさの力を行使できるということではないのだから。

法的合意は、もしかしたら、正義の表象、つまり、その代理物ではあるかもしれない。しかしそれゆえにこそ、それは正義ではない。法があるところには、正義は存在しない。法は、いまだ正義が到来していないことを私たちに知らせるのである。正義とは何か。ベンヤミンにとってそれは、普遍妥当性はもたなければならないが、それにもかかわらず、普遍化不可能な何かである。すべての個別例に当てはまらなければならないが、しかし、ある個別例を別の個別例に当てはめることはできない、そのような原理である。その内実は、ある意味ではとても単純である。今までの議論から容易に想像できるように、正義とは、すべての当事者が、報復への権利を一切放棄してもよいと思うような状態が実現することである。したがってそれは、個々の事例によって、全く異なる状態であるに違いない。それはどのような状態であるかということに関しては、全く、普遍化不可能なのである。それは、法のように、予測可能でもない。法の機能の一つは、未来を予測可能にすることにあるが、正義はどのようにして到来するのかを、あらかじめ予測することはできない。どのようにしたら、当事者が、とりわけ不正を被った者が、心の底から満足し、報復への権利を放棄するのかなどということは、誰も、本人でさえも、予想がつかないからである。(だから「これだけ謝ったのだから、そろそろ十分だろう」などと、不正を行った側で勝手に決めることはできない。)

法的合意の究極の形態は、「死にたくなければいうことを聞け」というものだ。それは、ホッブズ的な社会契約、つまり、社会状態＝主権国家を形成する合意でもあれば、また、強盗のセリフでもある。それは、力による合意であって、力をもつ者たちのあいだの合意である。誰がいったい、力をもっているのか。ただ一人に力が集中する君主制のもとでは、主権者は、生まれによって決められた。それでは、今日、いわゆる国民主権のもとではどうだろうか。たしかに主権者は一人ではない。しかし、市民権はしばしば生まれによって決められる。誰の子供として生まれたか、あるいは、どこで生まれたか。生まれによって自動的に主権者が誰であるのかが決まるという点では、君主制も国民主権も違いはない。生まれることと政治とのこの結びつきこそが問題とされなければならない。「生まれ」を通じて、自然は政治の中に入り込む、しかも、そのもっとも根本的な要素として。ヘーゲルがいうように、君主制の本質は生殖にある。決定する権限を、生殖という生物学的なものに、自然に基礎づけさせるのである。政治の本質としての自然を提示するのが君主という肉体の役割である。したがって、真に君主制を廃棄したいのであれば、それは、君主の首を刎ねるだけでは足りない。政治を自然から切り離さなければならない。近代の国民国家＝主権国家を形成する「国民」そのものの解体なしに、君主制の廃棄はない。国民と非国民、真の市民と二級市民とを生まれによって分割することを止めるのでないかぎり、私たちは、たとい君主制を廃止したとしても、君主の亡霊に付き纏われることになるだろう。

だが、現実には、国民国家＝主権国家の限界が叫ばれながらも、国民国家形成の暴力は止まない。

いや、誰の目にも明らかなものになっている。旧ユーゴやルワンダで、私たちが目にする暴力は、私たちの前史、「先進」「民主主義」国家が、すでに潜り抜け、過去のものとしてしまったものが、「遅れた」国家、いまだ国民国家になっていない地域には残っているというのだろうか。そうではない。それは、国家が国家として存続するために必要な例外状態なのである。国家が、国家の存在が、サヴァイヴァルするための闘いである。ＰＫＯにみられるように、そこで闘っているのは私たちの国家、私たちの主権国家システムである。私たちの主権国家システムが、あるいは、疲弊した世界資本主義が、冷戦以後の世界で、管理のためのコストを削減すべく強力な国家体制を求めた結果である。そこでは、自分の意志に関わりなく「生まれ」によって、自分が誰であるかを決められてしまう。自分が誰であるか、それは、選択の問題ではない。少なくとも、自分の選択の問題ではない。たとい自分の存在が異種混淆的であったとしても、それは、敵対するさまざまな陣営からの疑惑と警戒心を増すことはあっても、選択の余地の増大であるかどうかは疑わしい。あるいは、植民地出身者が、どれだけ宗主国の言葉を流暢に話し、本人の実感としては宗主国の人間になりきり、その歴史を担う主体のつもりであったとしても、宗主国の人間がそれを認めるかどうかは、きわめてあやしいものである。

政治の、主権国家という形式の、第一質料としての自然。それは、「生まれ」であり、力＝暴力であり、恐怖であり、内戦である。それは、生き残るためのあけすけな暴力と同一視された生、生命でしかない生命である「裸の生」、剝き出しの生である。剝き出しの生はそれ自体には形式がないがゆえに、外から形式を与えられなければならない。そのような形式付与者が、国家であり、民族であり、また、母語である。そして、強姦する兵士である。そこでは、そのような例外状態では、個体がそのまま普遍化される。個々の決定がそのまま普遍化される。例外的個人、たとえば総統の決定が、演説が、パフォーマンスが、あるいは、「民族＝国民詩人」の一つの詩作品が、そのまま範例として普遍化される。

ベンヤミンもまた、シュミットと同じく法の停止を求める。「暴力批判論」においては、神的暴力の名において、法を、神話的暴力を、停止することを求める。だが、死の直前に書かれた「歴史の概念について」で明らかなように、被抑圧者にとっては、すでに法は停止されているのである。法の停止したところにしか正義はないのだとすると、これは、いったい何を意味しているのだろうか。すでに停止されている法をいかに停止するのか。ここで、シュミットが「ホッブズ的問い」と呼ぶもの、「誰が決定するのか」、「誰が解釈するのか」が重要になってくる。シュミットにとっては、法の停止は決定の問題である。決定と解釈の権限をもつ存在がいるからこそ、法は停止されうるのである。法の停止は決定する主体の純粋な現前である。もっとも形式化された決定である。だが、ベンヤミンにとっては、法の停止は、決定の問題ではない。神的暴力は決定とは関係がない。神話的暴力は、手段としての暴力であり、それを使いこなす主体の存在を前提する。そこには決定がある。それに対して、神的な暴力は、通常、行為というものが主体を前提とするような意味では行為ではない。つまり、主体が、何がしかの自分の目的や意図、あるいは、自分の利害を実現するために行うものではないし、誰もそれを決定しない。（報復への権利の放棄、それを、主体が決定できるのだろうか。おそらく主体にできること、主体が決定できることの限界は、いまだなき正義の表象として、その予兆、約束として、法のうちに、死刑の廃止と交戦権の放棄を書き込むことなのだろう。）『ドイツ悲劇の根源』において、叙述＝提示 Darstellung, presentation が意図＝志向の中断として可能になると述べられているような意味で、神的暴力は表象 Vorstellung, representation ではなく、提示の秩序に属するのである。

提示は、何よりも理念（イデア）に関わる。正義もまた、理念である。そして、正義の理念は一つである。だが、一つ一つの正義が実現した状態は、互いに全く似ていないかもしれない。個物——感覚の対象——は互いに全く似ていないにもかかわらず、どれもが同じ「正義」の原理を分有している。これが、イデア（理念）の存在である。イデアは、全く似ていないもの、全くかけ離れたもののあいだの類似の原理なのである。そして、人類というものが存在するとすれば、それは、「人類」というイデアを分有する者たちのことである。感覚的に全く似ていない者たちのあいだの連帯の原理である。それに対して感覚的なものをモデルにして自分たちの類似について語る者たちは、「人類」に敵対しようとしているのである。たとえば、歴史修正主義者たちは、感覚の対象——目に見える証拠！——だけが存在すると信じている。彼ら／彼女らは感覚を基礎にした共同体、経験を共有する者たちの共同体しか信じない。したがって、そこには死も、死者も、入り込む余地はない。なぜなら、死とは、経験の共有の不可能性を分かち合う経験なのだから。せいぜい、生き残った者が感情移入できる死者、まるで、彼ら／彼女らと経験を共有したかに思えるような心地よい死者だけしか存在を認められない。そのような生命の共同性と経験の連続性、そして、それが支える法を破壊するのが、神的暴力である。私たちが、その「生まれ」によって、誰の子供であるかということ、どこで生まれたかということによって、特権とともに、先立つ世代のさまざまな扉をも背負わされるのであるとしたら、それは、何よりも、私たちが、法の連続性を破壊しなかったからである。法（そのもの）を停止しなかったからである。
法の連続性、国家の連続性は、被抑圧者の側からみれば、非常事態の連続性である。ベンヤミンもいうように、被抑圧者にとっては、非常事態はずっと続いている。彼ら／彼女らにとっては非常事態こそが規範＝支配（ルール）なのである。私たちは、まるで非常事態は突然やってくるかのように思っているが、そんなことはない。非常事態と常態とが不連続であるかのように表象してしまうが、そうではない。すでに非常事態であるにもかかわらず、私たちにはそれが見えていないだけなのである。旧ユーゴで、アルジェリアで、あるいはルワンダで起きていることは、突然生じたのではない。だからこそ、私たちは、いま日本で起きている、「自由主義史観」の名のもとに行われる「歴史の書き換え」、「歴史をめぐる闘争」を座視していてはならない。まるで歴史の、いいかえるならば、暴力の連続性など存在しないかのように語り、歴史の連続性を主体的に立ち上げようとする者たちに対して、私たちは、歴史の連続性を破壊する闘いを連続しなければならない。

付記　「従軍慰安婦」問題についてのノート

歴史教科書から「従軍慰安婦」についての記述を削除することを求める人々の主張は、古代ギリシャにおける拷問制度のことを思い起こさせる。古代ギリシャにおいては、裁判において、自由民の自発的な証言は証拠として採用されたが、奴隷に関しては、自発的な発言は法的な能力を認められなかった。奴隷の証言は、拷問の結果得られたものだけが証拠能力をもったのである。なぜなら、アリストテレスがいうように、奴隷は人間と動物の中間的存在だからである。奴隷は、人間（＝自由民男性）と同じように言葉を聞いたり話したりすること、つまり、言葉を使用することはできるが、自由な人間とは違って、自分の言葉の所有者ではないのである。言葉を所有する存在 zoon logon echon（文字通り、言語を所有する生き物）であるか言葉を使用するだけの存在かが、真の市民と二級市民とを分かつ基準なのである。奴隷たちは主人の命令を聞き、主人に返事をする。そのかぎりでは言葉が分かると言える。しかし、真の意味で、言葉を理解しているとはいえない。いいかえるならば、自分でいっていることが意味していることを本当のところ分かってはいない。このように、奴隷たちは位置づけられる。

元「従軍慰安婦」の証言だけでは信じられない。偽証罪が適用されるような条件下での証言以外には証拠能力を認めない。このように語る人々は、たとえば、「強制連行」という言葉を当事者が用いる場合に、実は、彼ら／彼女らは、その言葉が真に意味することを知らずに使っているだけであって、「強制」という言葉の定義（本当の意味）からすれば、それは「強制」ではないのだ、という。ある言葉を定義する権限は自分たちにあるのであって、それを使って自分の経験を他者に向けて提示しようとする人々にはないのだというのである。

言葉を所有する者とそうでない者との闘争こそが政治を構成する。それは、プラトンの対話篇に、その形式を通じて書き込まれていたことだ。言葉 logos が哲学において根本問題であるとしたら、それは、哲学者が言葉を所有する者の一人だからではなく、むしろ、言葉を所有する者とそうでない者との闘争——もっとも根本的な意味での階級闘争——の提示 Darstellung の場こそが、哲学的叙述だからである。したがって、ロゴスを事とする者たち、すなわち、哲学者たちは、すでにこの闘争、「自由主義史観」をめぐる闘争の渦中にいるということを忘れてはならない。

［一九九七年三月］

ハイデガーはいう。Die Sprache spricht. これを「言葉が語る」とか「言語が語る」と訳してしまったのでは元も子もない。“Die Welt weltet.”を「世界が世界する」と訳すのであれば、それに倣って、「言葉が言葉する」とか「言語が言語する」と訳さなければならないだろう。ハイデガーにとって重要なのは、何よりも、Sprache と spricht との反復なのだから。もちろんこれは、ハイデガーの好むトートロジーの一つではあるが、しかし、単なるその一つというわけではない。なぜなら、ロゴスとは何よりもトートロジーであり、むしろ、再帰的なもの tauto においてこそロゴスは成り立つのだからである。

自己であること、それ自身であることとは、このような、言語がそれ自身を反復する動きと切り離しえない。「言語が言語する」、「言語は言語である」、「言語の本質は、本質の言語である」。このような反復を通じて、反復の単位として、また、反復の場として、言語は出現するのだ。そこにおいては、言語が言語に語りかけ、そして、言語がこれに応答する。言語が存在するとは、このようなことである。言語は言語である、という、一見何の変哲もないトートロジー。だが、たしかに「言語」は言語である。つまり、「げ－ん－ご」という音声は、無意味な音の連なりなのではなく、意味ある言語なのである。

ここには、ヤコブソンが見出した「パラレリズム」の問題がある。パラレリズムは、何も、詩だけを規定するものではなくて、むしろ、言語そのものを規定している。パパ、ママのように、同じ音の繰り返しが、言語とただの叫びとを区別する。パであれマであれ、それだけでは、赤ん坊がたまたま発したただけなのかもしれない。また、パパパパパパ……と続くのであれば、それは、ただ面白がって音と戯れているだけなのかもしれない。パパ、と、二回だけ繰り返されるとき、そこには、その音を記号として用いようという意志があるのである。反復の快楽にただ溺れることなく、そこで、たった二回だけで止めておく、という中断への意志である。たんに言葉へと向かうのではなく、他者へと向かう欲望の存在がそこに見出される。ここに、私たちは言語の外を見出すのである。言語と言語ならぬものの境界線を。

Die Sprache spricht. これも、また、そのような「パパ」なのだ。「言語は言語する」は、自らを非言語から区別するような言語なのである。言語と非言語の分割そのものの場所、言語と非言語とのあいだの敷居にそれはいるのである。パがもう一つのパに帰って来るまでのあいだ、シュプがもう一つのシュプに帰って来るまでのあいだ、その遍歴が「すべて」である。いいかえるならば、それは、言語の存在そのもの、言語が存在するということのアレゴリーであり、さらにいえば、「自己」とか「そのもの」、つまり、「本質」とか「存在」といわれるもののアレゴリーでもあるのだ。

言語と非言語との分割。だがそれでは、「非言語」とは何なのだろうか。たとえば、それは、事物である。たとえば、人間である。たとえば、声である。ハイデガーは、この分割を、トラークルのうちに見る。ハイデガーが『言葉への途上』に収められたいくつかの論考で引くのは、このような一節である。「旅人は静かに入ってくるが、／苦痛が敷居を石にしている。／そのとき 清らな明るみに包まれ／食卓の上にパンとぶどう酒がぱっと輝く。」（「或る冬の夕べ」、瀧田夏樹訳）つまり、敷居と石なのだ。この敷居は、一つには、言語と非言語を分かつものであるだろう。そうであるからこそ、そこには石が現われる。だが、どうして苦痛なのだろうか。ハイデガーは、ここに一種の引き裂きを見る。それだから、苦痛なのであり、言語と非言語とは、ただ単に区別されるのではなく、それは、引き裂かれているのである。

もしそうだとするなら、言語と非言語とが苦痛を伴う引き裂きにあうのだとしたなら、このとき、この苦痛はどこに位置しているのだろうか。それは、誰のものなのだろうか。そして、この旅人 Wanderer は誰なのだろうか。だが、苦痛というのであれば、もちろん、「グロデク」からも引かなければならないだろう。「今日おそるべき苦痛が、精神の熱い焔をはぐくむ／うまれていない孫たちを。」（生野幸吉訳を「苦しみ」を「苦痛」に変えて引用）この孫たちとは何者なのだろうか。ハイデガーは、なぜ孫たちであって息子たちではないのか、と問う。それは、彼にいわせれば、ひとつの不在の世代によって分かたれた他者なのである。私たちが直接には呼びかけることのできない存在としての他者である。そのような他者を養うのも苦痛なのだ。「苦痛が敷居を石にしている Schmerz versteinert die Schwelle」、「苦痛がはぐくむ nährt heute ein gewaltiger Schmerz」。ハイデガーは、苦痛を隔たりとの関わりにおいて捉えている。そうであるとするなら、この隔たりとは、しかし、「言語が言語する」の「言語 Sprache」と「言語する spricht」との隔たりであるだろう。同じものが回帰するための隔たり。そのための場所。自己自身への回帰というこの二重化によって言語はそれ自身になる。あるいは、言語とは、この二重化、二重の場面として構成される。

ハイデガーにとって、詩とは、ある特殊な発話である。トラークルの「或る冬の夕べ」はその発話自体のアレゴリーとなっている。その最初のスタンツァ。「雪が窓辺に落ち、／長く晩鐘が鳴りわたる時、／多くの人々に食卓が用意され／家は豊かに整えられている。」つまり、暗く寒い外と、暖かく明るい家とを分割するその身振りそのものとしての詩なのである。食卓を用意すること、もちろんそれは、現実に事物によって食卓を満たすことではない。詩が行うことは、事物がそこへと到来する場所であるテーブルを用意することである。詩の言葉が遂行的に行うのは、事物が到来する場所としての世界を開くことである。それゆえに、詩の言葉は指示対象をもたない。それは空虚な志向である。それは何かを現前させるのではなく、ただ、現前させる。現前の身振りそのものの可視化なのである。このようなこと自体は、いまの私たちにはすでに馴染みのことであるだろう。だが、このようなハイデガーの身振り、言葉から指示対象を奪い、また、作者の経験や意図から引き剝がして宙づりにする身振りを可能にしているものは、彼の「歴史」の概念であることを忘れてはならない。ハイデガーは、詩には、発話の多様なレヴェルがあることを指摘しながらも、彼の「釈義」においては、「言語が言語する」——つまり、「人間が語る」のではない——を、まるで呪文のように繰り返しながら、発話のさまざまな相を切り捨てていく。

ハイデガーの「歴史」においては、アウシュヴィッツも一つのエピソードにすぎない。いいかえるならば、それは、歴史を区切るような出来事たりえない。アドルノにとってそうであったような出来事、もはや、それ以前には帰ることのできない断絶の点、それが出現したことで、私たちは、人間は、何かを決定的に喪失してしまったというしかないような、そんな出来事ではけっしてない。したがって、ハイデガーにとっては、あの「或る冬の夕べ」がどの日でもない、特定の日付をもたないことこそがすばらしいのである。そして、「グロデク」。第一次大戦の激戦地グロデクに看護兵として従事したトラークルは、撤退の途中でピストル自殺を図る。それに失敗したものの精神錯乱とされた詩人は、その約二ヶ月後、一九一四年一一月、コカインの過服用によって死ぬ。だがハイデガーが問うのは、もちろん、トラークルの苦痛でも、戦争で死んでいく者の苦痛でもない。ハイデガーは、彼が「歴史」と呼ぶものを参照することで、他のいかなる参照点をも踏み潰すのである。つまり、ハイデガーがいかにもモダニスト的な身振りで、作品のみを参照しているように見えるときでも、それは、実に強力な参照物をもつがゆえにそう見えるのであって、けっして単純な自己参照、自己言及ではないということだ。

「言語が言語する」。この発話が遂行的に行う言語と非言語との分割。それは、ハイデガーにとっては、人が住まう場所、家としての世界と、それに先立つ大地との分割である。(「或る冬の夕べ」の二番目のスタンツァにはこうある。「旅路にある少なからぬ人々が／暗い小道を辿って　門口にやってくる。／金いろに　恩寵の木は花咲く／大地の冷えた樹液の中から。」) パンとぶどう酒のように輝き出るものが、そこから由来する暗く冷えた大地。歴史とはパンとぶどう酒をテーブルの上に持ちきたらすこと、つまり、テクネーでありポイエーシスである。歴史とは、テクネーの歴史でありポイエーシスの歴史である。歴史とはテクネーであり、ポイエーシスである。現われるものがそこからやって来る場所と、それがやって来たここへの分割。ここ、家の中、言語の中。そこ、家の外、言語の外。

この二つの領域を空間的な差異としてではなく、時間的な差異として、それ以前／それ以後の差異として設定すること、それが歴史の創設であり、詩が、そして、テクネーの行っていることである。ちょうど恩寵の木が大地に根差しつつ、しかし、家の門口で、金色の花を咲かせるように、一つのものが分割されているのである。一つのものが一つでありながら分割されていること。それが時間であり、歴史である。

ハイデガーにおいては、歴史が声を乗っ取る。一つの声のなかに複数の響きを、複数の出来事を聴き取ることを彼はしない。彼にとって出来事は一つなのである。それさえ聴き取っていればいい。古代ギリシャに起こった存在の送り＝贈りとしての存在者と存在の分割である。ハイデガーにとって、すべてはその残響にすぎない。したがって、私たちはこう問わざるをえない。出来事は一つだけなのか。差異とはそのような歴史を創設する差異としての存在論的差異しかないのだろうか。

じつのところ、「言語が言語する」における差異と反復が、一種の存在論的差異として理解されるためには、言語の内部に穿たれた差異——Sprache と spricht との差異と反復——が、ラングとパロールの差異として捉えられていなければならない。つまり、言語なるものが存在するということと個々の発話との差異として、Sprache と spricht との差異が考えられなければならない。言語が言語するとは、この発話を聴き取ったものがそれをただの音としてではなく、言語として聴き取ったという徴にそれへと応答することを意味している。つまり、それを聞くものがすでに言語の存在を知っているということを前提する。すべての発話は応答であり、それ以前の言語——言語の存在そのものである起源の言語にして言語の起源であるような言語、言語の前史としての言語の存在——への応答である。

この意味で言語は、本質的に解釈学的であり、歴史的である。

ハイデガーにとって、「言語は言語する」において分割されるのは、このように、実は、まず何よりも言語そのものなのである。言語の内部における、「言語そのもの」、言語の存在であり本質であるものと、個々の発話への分割、それが、歴史なのである。言語内部の分割によって、主語としての「言語そのもの」がはじめて可能になる。したがって、ハイデガーの歴史概念が成立する条件は、より厳密に考えるなら、言語と非言語との分割と言語内部での分割という二つのものの同一視によるものであることが分かる。だが、この二つは区別しなければならない。言語と非言語との分割は、必ずしも歴史的ではないし、また、解釈学的でもない。

言語の出現、言語と非言語との差異のメルクマール、それを、フーコーに倣って「私は語る」のうちに見てもいいかもしれない。カントは、「私は考える」はすべての表象に随伴する空虚な表現であるといった。それと同様に「私は語る」はすべての発話に随伴する空虚な発話である。なぜなら、およそ言語を用い、発話可能な存在ならば、「私」といいうるからである。すべての発話には、潜在的にではあれ、「私は語る」という発話が付随している。「言語が語る」のでもなく「誰かが語る」のでもない、「私は語る」の空虚さ。しかし、つねに語られた内容には還元できない余剰分として残ってしまう、この「私は語る」の身振り。つまり、一つ一つの発話を、何ごとかの表現――それが、意味であっても、あるいは、ある資料体の存在であっても、またさらに、言語の存在であったとしても――にしてしまうのではなく、その個別性を損なわずに保つには、この「私は語る」が必要なのである。「私は語る」は、発話の単一性が、言語学的な分析や社会学的な分析や、あるいは、歴史的な分析によって解消されてしまわないための抵抗点を形成する。それらの分析によって発話がさまざまな単位へと分解されてしまうことへの抵抗は、この「私は語る」によって、はじめて可能になる。

もちろん、この「私は語る」が確保するのは発話ないしは言説の単一性＝単位である。この「私」が、経験的に単一の、あるいは同一の人間であるかどうか、それがたった一人であるかどうかとは別の話である。「私は語る」の単一性は、したがって言語の出現の出来事、つまり、言語と非言語——言語と声、言語と人間、言語と身体、等々——の分割における単一性——言語と非言語の個々の分割における単一性であって、一回的な言語／非言語の分割の唯一性ではない——なのであって、発話の語り手の単一性なのではない。言語の内部（の分割）の単一性ではない。

おそらくは、言語の内的な統一——ひとつのラング——は、言語と非言語の分割のこの個別性、分散性である「私は語る」を抑圧するかぎりで可能なのだ。言語内部での分割——言語そのものと個々の発話——のもとに、言語と非言語の分割をしたがわせるかぎりで、歴史は可能なのだ。

歴史は、個々の「私は語る」を抹消し、「それは語る」で置き換える。「それ」とは、あるときは「民族」であり、あるときは「国家」であり、また、あるときは「存在」であるだろう。そのような、直接には現前しないもの、経験できはしないが経験の統一性を可能にするものを前提とするかぎりで、歴史——「ゲシック」という意味でも「ヒストリー」という意味でも——は可能になる。そのような歴史の場所とは、ハイデガーにとっては、たとえば、あの「或る冬の夕べ」に描かれる、定冠詞付き単数形で語られる「家」であるだろう。旅人たちが、或る冬の夕べ、鐘の鳴るなかをやって来るその家。そこでは事物が輝き出る、その家。だが、なぜ、その家の敷居において苦痛が語られなければならないのだろうか。唐突に詩のなかに導入される「苦痛」が、私たちをよろめかせる。それはちょうど、長い旅で疲れ、痛む足を引き摺る旅人が、敷居に躓きよろめくのに似ている。私たちはこの詩の敷居で躓きの石に出会う。苦痛とは何なのだろうか。この苦痛は何なのだろうか。もう一度、苦痛のもとへと戻って行こう。ハイデガーは、苦痛とは分離しつつ取り集めるものであるという。苦痛は差異そのものであるともいう。たしかにハイデガーのいうように、この苦痛を人間学的に、心理学的に理解してはならないだろう。しかしそれは、この苦痛を差異そのものへと解消してしまうことを必ずしも意味しない。言語と非言語の分割の苦痛を、言語から言語を引き剝がす差異とは区別しなければならないのではないか。

ハイデガーは、この詩のなかで「石にする」という動詞だけが過去形であることに注意を促している。つまり、他の動詞は基本的に現在形であり、現前化、その発話によって現在へともたらす身振りであるのに対して、「石にする」は過去形で、ある種の持続を示している。このような持続は、おそらくもう一つ、「長く晩鐘が鳴りわたる」という詩句にも現われている。石と響きとが、この詩のなかで二つの持続するものなのである。それればかりではない。この二つが、家とその外とをつなぐものでもある。この二つの持続、二つの広がりを背景として、さまざまな現在化、現前化が行われる。ハイデガーは、旅人が家に入るときの「静かさ」の響きを苦痛と関係づける。「苦痛が石にする」というときの「静かさ」のイメージが、響きの持続と重なり合うのである。石とは、切り離されそれ自身へと立ち返りつつ、しかしなお、世界へと取りまとめられているものの親密さである。ハイデガーは、苦痛を脱人間学化するあまりに、それを親密なもの、内密なものにしてしまうのだ。そこでは、せっかくの響きの外在性も失われていく。ハイデガーにとって、苦痛をもたらす傷は、縫合され、ふさがったものとしてしかイメージされない。世界と事物とは、事物の事物化――「ものがものする」というトートロジー――において親密な関わりを保つのである。事物が事物として出現するというそれ自身からの引き裂きは、しかし、世界の世界化（「世界が世界する」）というもう一つのトートロジーによって、傷つけられるそばから縫い合わされていく。たしかにハイデガーにとって、ものは世界を持たない。石には世界がない。しかし、石は世界と親密なのである。それに対して、人間は世界を持つが、それゆえに、世界とは疎遠である。そうであるとするなら、ハイデガーにとって苦痛が意味するものは世界との親密さであるに違いない。苦痛は隔たりではあるが、差異そのものであるからこそ、ある種の親密さを持つのである。差異のそれ自身への近しさである。

だが、このような苦痛の内密さ、親密さは、誰が苦しむのかと問うならば、崩れていく。トラークルは書いていたではないか、「生まれぬ孫たち」と。一切の内密さ、それ自身というものを欠いているような場所で、苦痛が続く。もはや生きているものには担いきれないような苦痛。石になるしかないような苦痛。石や、死んだ者たちの子孫たち、つまり、死ぬことさえできない者たちが苦痛の担い手なのである。かつて生まれたことのある者なら死ぬこともできよう。だが、生まれようのない者、生まれなかった者は、もちろん死ぬことはできない。生きている者が担いきれない苦痛を担いうるのは、死ぬことのできない者たちなのである。言語と非言語との分割、引き裂きが生み出すのは、このような生まれなかった者たち、死ねない者たちである。経験が生と結びつくものであり、そして、歴史とは経験によって構成されるのだとしたら、このような苦痛は歴史のなかには入らない。それは、歴史の外において持続している。このような苦痛は、叫び声というよりは、フーコーが言説を特徴づける「ぶつぶついう声 murmur」、歴史を語る声の陰に隠れながらもけっして消え去ることのない雑音としての「私は語る」の響きによって、その場所を、その持続を指し示されている。この声自体が歴史を語る声の表面に、傷として存続しているものなのだ。

声と言葉のあいだの敷居であり、石であり、響きである「私は語る」は、私たちを経験や歴史とは違う場所に連れ出すのである。ハイデガーが詩の言語に見出すのは現前化の言語、つまり、事物に「現在へと来れ」と命じる、命令の言語である。だが、「私は語る」という呟きは、何も命じない。それはただ、持続にだけ関わっている。この持続は、命令の結果ではない。自らの無能さのゆえに、ただ、存続しているのだ。もしも私たち生きている者がその苦痛を担いきれるのなら、それは持続することなしに、言葉のうちに解消されるだろう。だが、そうではない。私たちは苦痛を担いきれない。それだからこそ、言語の外があり、持続が——現前化ではないような何かが——存在するのである。言語と非言語の分割が苦痛を生むのではない。反対だ。その分割こそが苦痛の結果なのである。

私たちが担いきれなかった、自分のものとして認めることができなかった苦痛。この私たちの無能さが生み出した、死ぬことさえできないほどに無能な「生まれなかった者」が抱え込んだ苦痛のための指標であること、それを指し示す雑音であること。これ以外に、今日の詩の使命はあるのだろうか。

［一九九七年五月］

「私は見た」――声、イメージ、真理

イエスの復活を容易には信じない使徒たちは、女たちに連れられてその墓まで行き、それが空であることを見て、こういった、「私は見た、私は信じた」。私は見た。だが、何を？　そしてまた、見る「私」とは、いったい何なのだろうか。

蛇によるイヴの誘惑。それを原誘惑と呼ぶことも可能かもしれない。それは、神の命令、神のいったことは、本当のところ何を意味しているのか、というものである。つまり、「本当のところ、それは何を意味しているのか？」、これこそが誘惑の根本形式なのである。誘惑、それは見たままを、聞いたままを信じるなと、私たちに教える。誘惑は、世界を「見せかけ」に変えるのである。そして、真の世界とは「意味」であるとも。これに対して禁欲主義は、私たちに誘惑に抵抗せよと命ずる。この命令こそが、私たちの文化と、そして批評とを特徴づけていると、ジェフリー・ハーファムはいう（『文化と批評における禁欲の命法』）。だが、誘惑への抵抗とは何を意味するのか。

神の言葉を字義通り受け取らないところに、誘惑があるのであった。そうであるとするなら、ポール・ド・マンとその弟子たちがそうするように、解釈を排して、ただテクストを読むこと、それこそが誘惑への抵抗であるのだろうか。だが、解釈とは何か。そして、解釈とテクストとの差異は、どこ

にあるのだろうか。これはテクストの解釈であって、テクストそのものではない、といいうるための条件は何なのだろうか。

解釈、それはたしかに誘惑に屈することではある。世界は見た通りのものではない、言葉は字義通りのものではない、という誘惑の声に屈することである。だがしかし、それはまた、テクストをそれとして享受することを拒むことではないだろうか。誘惑されることは、同時に、享受の断念でもあるのではないか。とはいえ、私たちはテクストを享受しているとき、テクストを「それ」として認識しているかどうかは疑わしい。むしろこういうべきではないか。テクストはそれが享受されるかぎりで「それ」ではなく、享受されないかぎりで、その享受が断念されるかぎりにおいて、「それ」であるのだ、と。誘惑とは、「それ」へと向かう動きなのだ。

テクストに誘惑されることへの恐怖が、ド・マンたちの「読むこと」——つまり、ただ単に読むのではなく、「読み」を書くこと——にはある。ド・マンたちは書くことによって、テクストの誘惑に抵抗し、テクストをそれとして描き出すのである。それもまた、テクストの享受の否定である。ド・マンは機械のように（正確に）読む、というのは、彼はテクストによって誘惑されない、ということなのだ。そのことによって、テクストは、「それ」として、つまり指示対象として、自律する。テクストに誘惑されてはならない。つまり、テクストに語らせてはならない（テクストを一人称にしてはならない）。私たちは、テクストを読まなければならないのである。テクストと私たちの関係は「我—汝」といった一人称—二人称のあいだの、間主観的なものではない。語りにおいては、「私はあなたに語る」あるいは「私はあなたが私に語るのを聞く」という間主観的な構造が存在する。だが、テクストを読むとき、それも、テクストの誘惑に身を任せることなく読むとき、人は、むしろテクストを見るのである。そこにあるのは「私は見た」である。

私は見た。だが、何を？　空っぽの墓を。私は信じた。あなたが私に語ることではなく、私の見たものを。

テクストに誘惑されてはならない、というこの命令は、精神分析的な聴取にも適用される。無意識と分析家との関係も、間主観性ではないのだ。たとえば、フロイトの誘惑理論の放棄という、精神分析史上の悪名高い出来事について考えてみよう。神経症者は実際にその幼児期に大人によって誘惑されていたのだ、という「誘惑理論」をフロイトは放棄する。それは、フロイト自身が、自分が誘惑されていることを否認する身振りでもある。誘惑があるのではない、誘惑されたいという欲望があるというのである。誘惑を欲望へと置き換えることで、主体が変換される。他者ではなく、私が主体となる。私自身が私の症状の起源となる。フロイト自身に関していえば、フリースを否認し、自分自身を自分の権威とすることができるようになる。それは精神分析の「自己」確立でもある。精神分析が、器質的な疾患を対象とする医学から独立することでもあるのだ（精神分析はつねに生物学によって誘惑され、かつ、それを否認している）。だがそれは、声を視覚によって置き換えることではないだろうか。（精神分析において、対象としての声と、そのほかの対象とがどのように異なるのかを考える必要があるようだ。）

私は見る。空虚な墓を。あるいは、プッサンが描く、あの墓石を（その下に死体があるかどうかもわからない）、そして、墓石に刻まれたあの文字を。EGO IN ARCADIA、このエゴ（私）とは誰だろうか。この文字を指し示している若者だろうか。それとも、この墓に眠るものなのだろうか。あるいは、墓そのものなのだろうか。さらにはこう問うこともできる。この作品こそが、このEGOなのだろうか。発話されることなく、ただ指し示されるだけの、見せられるだけのEGO。声なき「私」。他者が誘惑している、見よ、と。見た。EGOを。「私」を。私は、見た。いや、「私は見た」というためには、この文字を指し示す指を忘れなければならない。「私はあなたに命ずる、これを見よ。」この命令を――あるいは誘惑を――忘れるとき、「私は見る」が成り立つのだ。語り手の「私」に置き換わることで、語りかけられ、誘惑される存在は「私」に――見ている私に――なる。声の、視覚による置き換えである。「自己」によって誘惑を置き換えたのである。つまり、自分自身を自分の始まりとしたのである。「私」がその場所を変える（絵画の向こうとこちらというふうに）。聞く者から見る者へと変わることによって、絵画の向こうの語る「私」は否認され、絵画のこちらの見る「私」に変換されるのである。

バフチンによれば、言語にはつねに他者の声が混じっている。言語においては他者の志向によって私の志向はいつでも何がしか屈折を強いられる。この他者の声を黙らせること。世界は声に満ちている。雑音に。いや、違う。どれが雑音なのか。複数の声がするとき、私たちはつい、それを雑音のうちに沈めてしまいたくなる。私たちは聞きたい声とそうではない声とを分けようとするが、それは難しい。どれが私の聞くべき声なのか。そして、どれが私を誘惑にかける声なのか。この区別が、たとえば砂漠で一人試練に耐える修道士には必要だ。聞き分けられなければならない。私を試す声とそうでない声とを。その内容からは区別できない。なぜなら、悪魔は神と全く同じ事を言うからである。

そうであるとするなら、声を見るべきなのかもしれない。ちょうど私たちがグリューネヴァルトによる聖アントニウスを見るように。聖アントニウスは無力なまま魔物たちにこずきまわされている。だが、それを見る私はここにいる。安全な場所に。

バフチンは、他者によって汚されていないような言語はアダムの言語以外にはないという。つまり、アダムの言語はバフチンのいう死んだ言語なのだ。生きた連関から切り離された言語。他者の誘惑に打ち勝った言語。しかし、このことはある示唆を与えてくれる。なぜベンヤミンが真理を志向の死として捉えているのか、ということについて考える手掛かりがここにあるだろう。ベンヤミンにとって、純粋な言語、アダムの言語は、もちろん人間のための言語ではない。それはむしろモノの言語である。人間が言語から追放され、言語において人間が沈黙するとき、その意味で、それが死の言語になるかぎりで、言語において、モノが語りはじめる。

誘惑する声。モノもまた、誘惑する声をもつのだろうか。

およそ「自己」と呼びうるものは、誘惑への抵抗として出現する。たとえば、テクストの「自己」、「それ自身」は、解釈へと身を委ねることへの抵抗として出現する。すべては読まれうるのではない、すべてが解釈されてしまうのではないというかぎりにおいて、そのような読み得ない何かとして、テクストの「それ自身」は姿を現わす。もしもすべてが読まれうるのであれば、すべてが解釈されうるのであれば、テクストとその解釈とを区別することはできないだろう。したがって、誘惑のないところには自己はなく、また、誘惑しかないところにも自己はない。つねに他者によって試練に曝される存在として自己は見出される。これは、思考するモノ res cogitans としての自我も同様である。自我＝

私Ｉも、それが自己selfであるかぎりは、誘惑に抵抗するものとして出現する。誘惑する声——悪い霊、だが、悪い霊と神とを私たちはどうやって区別できるというのか——に対する抵抗として。声。良心の声と誘惑する声とを、区別できるだろうか。

自己、それは何がしかの起源、始まりである。いいかえるならば、それ以前——前史——の否認である。前史、それがこの場合、誘惑と呼ばれるのだが、その否定として歴史が始まるのだとしたら、歴史とはなんと禁欲的なものであるのだろう。起源にあるのは、声なのだろうか、それともイメージなのだろうか。おそらくは、声は、「自己」の起源よりも古いところで鳴り響いている。自己のうちを探ったところで見出せるのは、せいぜいがイメージにすぎない。ボッスやグリューネヴァルトの描く魔物たちのような。私は見る。自己を見る。それは、原誘惑としての声に対する防衛であり、その置き換えなのだ。「自己」とは見られた声であり、声に対する防衛であり、また、歴史とは前史の置き換えられたイメージにすぎないものなのだ。

神はモノの名を呼んで、事物を創造した。だが、人間に関しては、自らの似姿（イメージ）として造った。イメージでしかない人間と、声であるモノとの差異がここにある。人間の歴史、したがって、それはイメージにすぎない。

イメージとしての歴史と声としての前史、そのあいだの闘いは、また、人間の語る声とモノの声とのあいだの闘いでもある。それは、物語論でいうストーリーとディスコースの差異に相当するだろう。物語narrativeは、それを通じて語られる出来事の順序であるストーリーと、語りそのものであるディスコースの二つからなる。ストーリーはつねに過去に属する。それに対してディスコースはつねに現在に属す。現在、つまり、自我、私の時間である。「私」と発話できるものの時間である。物語はどれでも、必ずしも明示的ではないとしても、「私はあなたに語る」という枠をもっている。ディスコース、それは人間の声なのだ。ディスコースのレヴェルでの誘惑、他者による誘惑、人間の声による誘惑に対して、見ることによって防衛することができる。「私は見る」によって、語り手の「私」に聞き手が取って代わる。「証拠」、「明証性」とはそういうものである。「私は見た、私は信じた。」たとえば、現象学的な明証性は、このような、自我における見ることに依存している。ディスコースの時間である自我の現在において、しかし、声を廃棄して、見ること、それが現象学である。反対に他者の声に誘惑されるのが解釈学であるといえるだろう。解釈学は意味へと向かう。解釈学は聞く。「それは、本当のところどういう意味なのか?」と誘惑する声に耳を傾ける。だがこれも人間の声にすぎない。ディスコースにすぎない。

たしかに、ストーリーは、私たちには、生きている者には、人間の声を通じてしか届けられない。しかし、ストーリーは、果たして人間のものなのだろうか。そして、その声は人間の声なのだろうか。たとえば、証人が自分の経験を語る。その声は人間の声だ。その声の誘惑に抵抗するものは、それを見ようとするだろう。彼らは証拠を求める。その声に誘惑されるものは、しかし、ディスコースにのみ耳を傾けて、ストーリーを忘れる。いいかえるならば、まるで、現在の中にすべての出来事が伝達可能な状態で保存されているかのように振る舞うのである。ストーリーの伝達不可能性を、解釈学は忘却する。

もしも、その証人が自分の身に被った苦痛を証言しているのだとしても、その苦痛そのものと、そのディスコースのあいだには、すでに無限の裂け目がある。現在と過去のあいだには連続性はない。そのような連続性は、イメージにすぎない。つまり、事物のそのものとしての自己と、語る自我とは、全く別のものなのである。自己は、「私」と語らない。それはただ、「それ」と——別な場所、私＝自我から——指し示されるだけなのである。たしかにそのかぎりで自己は見られたもの、イメージである。それは自我から見られたものにすぎない。つまり、ディスコースにおいて伝達可能なものとはたかだかイメージであり、したがって、たかだか歴史にすぎない。

歴史ではない何かとして、ストーリーを思考しなければならない。イメージとは、そのようなものとして、いいかえるならば、思考すべき何かがそこにあると指し示すかぎりでは、ちょうどカントの「理想」のように、表象不可能なものの代理物であるだろう。

したがって、私たちは、かぎりなく禁欲的でなければならないように思われる。私たちは、他者の声に誘惑されてはならない。その誘惑に抵抗しなければならない。そうでなければ、出来事を、私に理解可能なものの次元に留め置くからである。出来事を、まるで、この、生きているものの現在に属すかのように扱うことになってしまうからである。しかし、他者の声に対する禁欲だけでは不十分なのだ。他者の声に対する禁欲はそれだけでは、見ることとしての「私」の生成にしか向かわない。私は見た、というかたちで、ディスコース——私の語り——に対する見られるものの先在性、つまり、出来事と語りとが時間を共有することはないという歴史の不可能性は、かろうじてディスコースのなかに痕跡をとどめるものの、その不可能性はイメージとして、いいかえれば、エニグマとして、私たちのもとにあるにすぎない。

そうであるからこそ、イメージに対する禁欲も、また、要求されるに違いない。

そこで、再び、私たちは誘惑する声に曝されることになる。現在を共有する他者の声、語りのディスコースにおいて「我―汝」として向かい合う他者の声よりも、もっと深いところ、もっと古い層から聞こえてくる声に。死んだ言葉だけが響かせることができる声に。「それ」の声に。

死んだ言葉、それを「テクスト」として表象するなら、それはまだ、私たちは見る私にとどまっている。ボッスの快楽の園や、グリューネヴァルトの祭壇画を見ることのできる「私」には、それらは、一つの作品として、つまり、テクストというまとまりをもったものとして映る。だが、そのただ中で誘惑に曝されているアントニウスにとっては、それはもっと違うものであるだろう。それは、果たしてテクストというような境界をもっているかどうかも怪しい。

イメージの底を、声の方へと掘り進もう。

『論理哲学論考』のウィトゲンシュタインによれば世界と私とは一致する。そしてまた、世界に境界があるという感覚の神秘についても彼は語っている。だとするなら、私に境界があるということ、私以外の何かが存在するということを私が知っていること、これこそが、何よりも神秘であるに違いない。私と私ならざるものとの境界線を、私はどのようにして知るのか。ここに誘惑と抵抗の根本問題がある。なぜ、私は私を誘惑したものが悪魔であると知ったのか。それが私自身ではないとどのようにして知ったのか。カントは根源悪という人間の自然を想定し、そうすることで、自我――超越論的主観性――とそうではないものとの区別を可能にした。誘惑に対する抵抗こそが、自我と非自我との差異なのである。誘惑に対する抵抗を感じるということ、それの結果として、私たちは、抵抗する自我と誘惑する非自我とを区別する。つまり、抵抗の感覚の置き換えられたイメージとして、自我と非自我は生じるのである。

自我はつねに試練に曝されている。自我はつねに非自我によって挑戦を受け、誘惑され、それに打ち勝たなければ自我たりえない。これがナラトロジーの教えるところである。だが、その試練は構造をもっている、つまり、閉じている。この構造が閉じているかぎりで、物語は、それが指示する出来事から自律したものとして扱うことができる。過去と現在を切り離すことができる。このようにしてナラトロジー、物語論は、出来事についての語り、すなわちディスコースについての学となるのである。そうすることで結局のところ、ストーリーは捨て置かれる。出来事は無視される。ディスコースの、他者と共有される現在だけが扱われる。

自我だけが現在をもち、それはディスコースにおいて表明される。私たちが他者と現在を、ディスコースを共有できるのは、他者も、また、自我、「私」であるからだ。そうであるとするなら、ストーリーと私とのあいだには、何が共有されているのだろうか。それは、もしかしたら自己なのかもしれない。私のモノである部分、それが「自己」、「それ自身」である。それは思考するモノとしての、そのかぎりでの「私」である。たとえば、「私は語る」それ自身は、自我、「私」ではなくて、むしろ「自己」である。「私は語る」それ自身は、自我ではなく、したがって、ディスコースには属していない。ディスコースの外部なのである。この外部性を、かろうじて、ストーリーの、出来事の、ものの核心にある声の、その痕跡として考えうるのかもしれない。自我と非自我との分割は、イメージのレヴェルにおいて、対立する二つのものとして扱うのではないとしたら、それを声として考えるのだとしたら、その分割とは、「私は語る」と「私」との差異であるのだろう。自我、私は、聞く者としての自己の否認において見る者となるのであった。そのような見る者として、現在を生きる。現在における見ることの明証性を生きるのである。それが、ディスコースの主体としての「私」である。

しかし、その最初の声、見る者となってしまった「私」にとってはもう一つの「私」に他ならないこの声は、誰の声なのだろうか。サタンの誘惑する声は。その声を、私は「私は語る」としてしか表象できない、イメージできないのだが、それは、誰の、あるいは、何の声なのだろうか。

これは、声の本当の所有者を探す問いではないだろう。声を一つの intentio として、志向として扱うのは、すでに、私たちが「私」であるからだろう。私たちは、「私」であるかぎりで、自分の否認した起源、自分がそこからやってきて、そして、いま、自分がそこにはいない場所として、そこに、その場所に、不在の、空っぽの墓を見る。空虚でありながら、そこに何かの実在を見るのである。それが、志向である。私たちは、自分を、「私」であるかぎりで、他者への応答であると考えてしまう。他者が何ごとかを私に要求したかのように思い、そのことの否認として、自分を一つの起源として措定するのである。

おそらくは、アダムの言語においても声は複数存在するに違いない。だが、それらの声は、志向をもたない。ちょうど苦痛には志向（性）がないのと同じように。それらの志向を欠いた声は、絡まりあいながらストーリーを構成するこれらの声は、ディスコースの伝達可能性とは違う場所にあるに違いない。ディスコースの「それ自身」である「私は語る」が、ディスコースの内部にはその場所をもたないように。

その伝達不可能性のみが、ディスコースの領域へと伝達されるような、そんな声、その存在を指し示すこと。真理とは、そのような存在を指し示す符牒としてのイメージとのみ、密かに何ごとかを取り交わしているのかもしれない。

［一九九七年七月］

非同時性――再生産に抗して保たれるもの

文学は何を記憶しているのだろうか。ともかくも、それが記憶の問題であるのは違いない。たとえば、マラルメが「音楽と文芸」において手紙爆弾に対して批判的な態度を取るとしたら、それは――ケヴィン・ニューマークによれば――、対象を一瞬にして消滅させてしまう輝き‐爆発に対する批判である。文学の輝きは、爆弾のそれとは違って、「批判的」なのだ。つまり、その対象を即座に消滅させはしない。文学の輝きは、爆弾のそれとは違って、マラルメの理解するところによれば、文学の方が爆弾よりも有効なのである。

私たちは、対象を――たとえば、この社会を――一瞬にして無に帰するわけにはいかない。それは、文学において無と格闘したマラルメにしてもそうなのである。いや、むしろ、詩句における労働者であるマラルメが、詩句を掘り進む人であるマラルメが、瞬時の解決などに加われようはずもない。

つまり、文学は何かを保つ。それは批判であり、ただの破壊ではない。

ベンヤミンは、「翻訳者の使命」において、翻訳において問題となるのは意味ではないという。それでは、まるで、文学が人間に読まれるためにあるかのように考えることになってしまうではないか、とベンヤミンはいう。翻訳とは、ベンヤミンの考える作品の死後の生の一つのあり方である。作品が死後の生において保っているものを、別のところでは、彼は「真理内容」――「事象内容」と区別される――と呼んでいる。

事象内容とは、作品が生まれた時代との関わりで解読可能になるものである。その時代を生きていた人々にとっては自明であったが、時を経るにしたがって理解できなくなる部分。それは一種の歴史家――ベンヤミンによれば注釈家――によって解明され、後代の者も理解可能になる。それに対して真理内容とは、最初は事象内容と区別できなかったものが、やがて、時間によって、事象内容から分離されていった結果なのである。ここで大切なのは、もともとは真理内容と事象内容は区別できないということ、作品において一致していたということである。つまり、真理内容という永遠普遍のものが、たまたま一定の歴史的条件において作品として具体化したというのではない。真理内容そのものも、偶然的なものなのである。

真理内容は、作品が人間によって理解できなくなったときに、作品とは区別される何かとして出現する。真理内容において保たれているものは、事後的に明らかになる、ある出来事の非人間的な要素だといえるだろう。ベンヤミンはいう、真理とは志向の死である、と。真理の次元とは、人間の志向＝意図とは別のところにある。いいかえるならば、それは、人間にとっての言葉の意味や、また、人間が同定できる指示対象とは別のところにある。それは、私たちが、経験の世界、現象の世界においてその位置を同定できないような対象、思惟することしかできない対象とかかわっているのだ。

つまり、文学は真理を保つ。

真理は志向の死である。真理とは喪の作業なのである。たとえば、イデアが、私たちの経験の世界、経験的な光によって見ることのできる世界を葬り去ることで、目に見えない光によって照らし出されるものであるように。イデアは光であるよりは光の喪である。それは、昼、感覚の光に満ちた昼ではなく、むしろ、夜に属すのだ。（プラトンの職人はイデアに基づいて労働をする。しかし、マラルメは、イデアを作ろうとする。それは夜の労働である。昼間、人々は労働者としてイデアにしたがってモノを制作する。だが、夜には、詩人としてイデアそのものを作るのだ。）

文学作品は何かについてのものであることをやめない。しかし、それが何についてのものであるのかを知るのは容易なことではない。それは、文学がそれについてのものである当のもの、要するに真理とかイデアと呼ばれるものが、それを通じて私たちが非人間的なものに触れることになる何かだからである。

一つの出来事は、つねに、事後的なものに付き纏われている。一つの出来事は、つねに、時間的に分割されているのである。出来事の同時代的なものとしての、生きられた人間的な側面、いいかえるならば「経験」と、出来事の非同時代的な側面としての「真理」、生きられることのない、非人間的なものである。

おそらく私たちは、経験と真理との関係を、一方から他方への移行、経験から真理への、それ自体が経験されるものである移行としては、考えることはできない。つまり、真理を同時代的に生きられた、人間的なものとすることはできない。マラルメはいう、現在は存在しない、と。

マラルメにとって、作品とは、最初から読み得ないもの、生きている誰とも同時代性を、現在を共有していないものである。いいかえるならば、マラルメを読むためには、私たちは死ななければならないのである。そして、マラルメを読んだ者は皆、自らの死を生き延びてしまった者たちである。今日、経験と真理との関係は、移行の経験ではない。それは「生き残り」なのである。作品を前にして私たちは証人となる。

それだから、今日、私たちは、証言というジャンルに囚われているのだ。証言者は、経験ではないもの、経験できないものについて語る。自分の経験だけを語る証言者などはいない。証言はつねに経験ならざるものとの関係＝報告である。

証言者は出来事が生起したとき、それを生きたときには、それを経験し得たかもしれない。しかし、事後的な、その出来事を語る時間においては、その出来事は生き得ないものとして、非人間的な真理として現われるのである。だから証人を、生き延びたということをもって、つまり、その出来事を生きた、ということをもって、その出来事と証人とは同時代的であって、いいかえるならば、過不足なく嚙み合っていたと考えるならば、それは、出来事というものがもつ時間分割性を、アナクロニズムを理解しないことになる。

たとえば、元日本軍「慰安婦」を前にして、「あれは商行為ではなかったのか」という元日本軍兵士は、同時代性の内部だけで出来事を理解しようとする――ということは、それが出来事であったということを否認しようとする――「注釈家」なのである。あのとき私たち兵士は金を払って――何箇月もかかって貯めたなけなしの金だ――「慰安婦」を買った。これは、当時の公娼制度と同じ商行為ではないか。当時の兵士たちが、「慰安婦」について、また、戦争について、どう理解していたか。これは事象内容である。だが、ある出来事が出来事であるのは、それが同時代性に回収されない次元、つまり、真理内容をもつからである。

　私たちが理解しなければならないのは、この真理内容である。これは、たしかに同時代においては理解されない何かであるにしても、後代の歴史家が勝手に解釈したものではない。それでは、その歴史家の時代の同時代性、人間的なものにすぎなくなってしまう。そうではなくて、真理内容は、まさにその出来事そのものに属するものだ。その出来事が、それが属す時代の同時代性を超えているばかりではなく、およそ同時代性というものをはみ出してしまっているところに、真理はある。誰もそれを生き得なかったこと、しかし、起こったこと、そこに真理はある。

　たとえば、ナチス・ドイツのユダヤ人絶滅計画。あるいは、社会主義崩壊以後の、旧ユーゴでの事態。こういった出来事を構成する一つ一つの要素は、これまでのことからも理解できないことではない。ユダヤ人に対する偏見も差別も、また、実際に殺人を担った人々の偏見や憎しみや、あるいは冷淡さも、理解できないことではない。悪は、その過程の中に――同時代性のうちに――身を置くならば月並みなものにすぎない。だが、真に理解できないこととは、これらのひとびとが担った意図とは別の次元で、暴力が、一種の自動機械のようにして作動し、暴力が暴力を再生産してしまうことである。暴力の担い手がもっているはずの意図が、暴力にとっては副次的になってしまう瞬間である。それは、社会の再生産そのものが、社会の存在そのものが、顕わになるときでもある。

　私たちは、何が人間的なもので、何が非人間的なものかをあらかじめ知っているわけではない。真理とは、つねにある出来事の真理であり、出来事は、私たちのもとでは、人間的なものと非人間的なものとの境界なのである。

同時代性、それは、再生産の時間である。貨幣とセックスとが交換されるように、さまざまな商品が生産され、交換され、再生産される。そしてまた、認識というかたちで、仮象と本質とが交換される世界。アルチュセールがイデオロギー装置として問題にした大文字の主体と小文字の主体のあいだの交換によって、あるいは、フーコーがディシプリンという言葉で問題化したような主体の自分自身についての知との均衡によって、人間はアイデンティティを、社会に属する自分の持ち分を、獲得する。

再生産の根本にあるもの、同じきものが同じきものを生む、その原初的なメカニズムは、生殖でも、また、制作でもなく、暴力のミメーシスであるのかもしれない。暴力が暴力を生むとき、そこには、行為者の意図によって媒介されることさえない、純粋な再生産、存続がある。暴力が「自然」とみなされるのは、このような自己維持、自己再生産のゆえであるのだろう。まさにそれは自ら生成するもの、ピュシスなのだ。社会は、このような暴力の再生産可能性の上に乗っかることで、可能になっている。社会が維持されるのは、暴力的な力関係が自己再生産的だからである。

非同時代性とは、このような同時代性、つまり、再生産の暴力の時間――現在――からの隔たりであるに違いない。それはしかしまた、再生産の暴力に深く曝されることでもあるだろう。たとえば、植民地支配を維持しようとする暴力、それは、宗主国の再生産を維持しようとする暴力でもある。宗主国の再生産のために、植民地での再生産を犠牲にする暴力である。

再生産は、誰でもがそれに参与できるというものではない。再生産するには、社会のなかでのたしかな持ち分、身元が必要である。再生産の暴力は、再生産を許された者と、再生産することなく消滅していく者との差異を生む（それは、宗主国と植民地、そして、女性に関していえば、再生産用の女性とそうではない女性とを分割するだろう）。

とりわけ再生産の暴力が暴力の再生産として顕わになるとき、そこからかろうじて生き延びた者たちは、そこから生き延びた、その当時の「現在」と、今、生き延びている「現在」とを、経験というかたちでつなぐことができなくなってしまうに違いない。なぜなら、暴力の再生産を生き延びたかぎりで、それは、自分自身において暴力を停止させるのではなく、暴力とともに生き延びたのだからだ。死んだ者は、その死とともに、再生産の時間を停止させ、暴力をも、それによって停止させている。しかし、生き残った者は、何らかのかたちで暴力とともに生き延びることを余儀なくされる。歴史の連続性とは、暴力の連続性なのだ。

解釈とか解釈学と称されるものは、この暴力の連続性を頼りに、経験の連続性を打ち立てる。それは起源へと遡及するだろう。だが、暴力を批判する者は、そのような連続性にすがるわけにはいかないし、また、歴史に意味を与える起源——原初の意図——を探し出すことにも興味はない。そうではなくて、ベンヤミンが根源と呼んだもの、つまり、一種の渦巻きであり、それが進む方向を一つには定めがたいもの、今生きている者を引きずり込んで、思いもかけないところに放り出す、そんな渦巻きである根源を、捜し求める。

根源は歴史の順序を乱すのである。それは、つねに「現在」からの偏差によってのみ語りうるものだからである。「現在」の積み重なりの順序として捉えられた「歴史」というものとは、それは相容れない。そのような根源として、私たちは証言を捉えることができるだろう。それは歴史の連続性を断ち切るのだ。ちょうど証言者の生が断ち切られ、不連続であることに見合うかのように。

私たちは歴史の主体になりたいのではない。もしも、歴史の主体になるためには歴史を生きなければならないのだとしたら、歴史を経験しなければならないのだとしたら、むしろ、そのような経験が生み出されるために、経験の再生産の持続のために、生きられるものの秩序から排除され、生きられ得なくなったもののほうへと近づこう。

経験できないもの、生きられないもの、つまり、真理こそが、社会ではない共同体の基礎にある。だからこそ、ブランショは、文学を共産主義――共同体の唯物論的探求――の根本にすえるのだ。文学は、マラルメ以降、読めないものとなっている。それを生きられないものとなっている。文学を読むということは、作品から追放されることであり、それを生きることができない、ということの経験である。文学は、私たち一人一人を生き残りに変えてしまうのだ。

さまざまな生き残りたちの証言を、「難解」な文学作品と別物であるかのように扱うとしたら、それは、文学に対する裏切りであるだろう。元「慰安婦」たちの証言を、難解なものではないかのように読むとしたら、まるで、自分にもすらすらと分かるものであるかのように読むとしたら、それは私たちが「難解さ」というものを分かっていないからなのだろう。アルチュセールは『資本論を読む』と題された書物において、もしも未来の歴史家がこの時代を振り返ったなら、それは、歩くこととか読むことといった、人間の基本的な身振りが問題となった時代であると特徴づけるに違いない、というようなことを書きつけている。

読むことは困難である。それは、何も、すべてがテクストであって、互いに回付しあうシステムで、一義的な意味が決定不可能だからということではない。そうではなくて、そこに真理を見出そうとしなくてはならないからだ。テクストが時代に、時に抗して、そこに保っているものを、私たちは、私たちの時代に逆らって見つけなければならない。時代は真理を作りはしないし、真理は構成されもしない。経験が死に、その喪の作業のなかで、真理は、私たちに、再生産に抗するよう呼びかけてくる。それは、ちょうど、ソクラテスが少年たちをポリス的秩序——ポリス内で再生産されていた信念の体系——から逸脱するように誘惑するのに似ているのかもしれない。真理は、このような、経験の喪の中で聞こえてくる声なのである。

あるいは、モノ自体の叫びというべきか。

証言する者は叫ばないかもしれない。しかし、証言は、証言者の個人的な経験だけを語るのではない。証言は、出来事〈を〉語る。出来事〈について〉語るというのも不十分であるに違いない。証言それ自体が、出来事の非同時代性を構成しているのだ（これは出来事が後から証言によって構成されるということではない）。この非同時代性が、私たち、今、生きている者に問いかける。「これは非人間的なことではないのか？」

この問いに対して、当時はそれが当たり前であったと答える者は、人間的なものと非人間的なものとの差異、経験の対象とそれを逸脱するものとの境界が、少なくともそれぞれの時代に関しては、明確化できるのだ、と考えていることになる。そして、ひとびとはその時代の人間的なものの秩序の中で生きていたのだと主張する。

だが、ひとはときとして、人間的なものに対して準備が間に合わず、無防備になるときがある。人間的なもののかたちを維持するための暴力に不意をつかれるのである。フロイトが見出したのは、個人が抱える、この太古的なもの、人間の前史としての幼年期である。子供は、人間的なものに不意をつかれながら、それを生き延びて、人間社会の一員となる。少なくともフロイトが理解した人間社会というものはエディプス的装置によって幼児――口きかぬ者――を社会へと書き込むので、性差というものがまず何よりも人間的なもののかたちを作る暴力として、幼児にトラウマを残す。そのトラウマの事後的な証言こそが思春期にほかならない。性行動というものは、性差によって負った傷の反復なのである。あるいは、マルクスにとっては、自由な労働力の出現――労働者と生産手段を切り離す本源的蓄積――こそが、近代社会において人間のかたちを作り出す暴力であった。資本主義経済とはこのトラウマに対する否認なのである。

それぞれの時代の人間のかたちとはこのようなものである。同性愛差別、女性差別、人種差別、植民地主義、奴隷制、あるいは、貧富の差、そういったものによって、人間のかたちは作られ、社会の再生産が可能になっている。しかし、人はどこか非人間的であり、幼年期を完全に喪うことはなく、これらの人間のかたちとその暴力に対して、自分を守り切れるとはかぎらない。どんな人間も自分の幼年期に対する喪の作業から解放されることはない。つまり、完全に社会化される人間はいない。

出来事は、つねに、人間的なものと非人間的なものとの境界を問う。非人間的なことが起こった。たとえば、アウシュヴィッツ。これが出来事である。だが、アウシュヴィッツの何が非人間的なのか。それは、ある意味ではわからない。ただ、人間的なものの真理として、非人間的なものがそこにおいて開示されるのである。この非人間性は、人間的なものの秩序の暴力によって生み出されたもののだ。人間的なものと非人間的なものの境界は、人間的なものの遂行によって引かれるのである。どこをその境界線が横切るのかは、あらかじめ予想することができない。私たちは、だから、出来事から出発するしかない。出来事は終点――「ドイツ国民の反ユダヤ主義」や「ナチズムの狂気」といった原因によって説明され尽くす――ではなくて、あくまで、出発点なのである。私たちは出来事からしか人間的なものと非人間的なものとの境界を知ることはできないのである。当時の人間たちが、互いに自分たちは人間である、人間的な秩序に属している、と再認しあっていたからといって、それが、非人間的な出来事ではない、とはいえないのだ。私たちが認識すべきなのは出来事とその真理なのである。

人間的なものが非人間的なものを生み出しながら自らを再生していく、そのようなものとしての「歴史」に対して、歴史の中で再生産されないものを保つこと、その証人となること。数多くの死者たち、生きられなかったもの、生き得なかったもの、そして、生きられたものの喪である真理。真理は歴史において再生産されない。真理は人間たちのあいだで再生産も循環もされない。だからこそ、過去の真のイメージは果敢ない存在なのだ。

文学が、マラルメが考えたように、爆弾よりも有効な社会に対する批判であるとするなら、それは、このような真理を社会に対して、社会に抗して、保つことによってであるだろう。それゆえに、文学は有罪なのである。

［一九九七年九月］

生を導く——エートスについて

人間の行為を、行為そのものを目的とする実践praxisと、行為は手段であり、その結果生み出されるものを目的とする制作poiesisに区分することは、ギリシャ以来知られたことであり、そして、この区別は、今日においてもなおしばしば踏襲される。だが、このような行為の区分に対して、アリストテレスは習慣的行為を一つの領域として付け加える。それがエートスethosである。

たとえば、アーレントのような人は、ポリス的秩序を実践の領域としてのみ捉えるので、ポリス的なもの＝政治的なものpoliticalとエートス的なもの＝倫理的なものethicalとを峻別する。だが、政治的なものの倫理性を否定するこの身振りは、ポリスと非ポリスとの分割、つまりギリシャ人自由民男性とそれ以外との区別という、一種の自民族中心主義ethnocentrismと見分けがたい。しかしもしも、今日の私たちにとってのもっとも政治的な空間が、ポリスではなくて、むしろジョルジョ・アガンベンのいうように収容所であるとしたなら、私たちの政治にとって切迫した課題は、実は政治におけるエートスの問題ではないだろうか。

なぜなら、収容所的空間において破壊されるのは、何よりも、人間のエートス的な次元だからである。それは何も、収容所ではその外の元の自分の生活様式を維持できないということに留まらない。

収容される以前と以後とが切り離されるだけではない。何よりも、収容所において分離されるのは、被収容者の生の各瞬間である。

ブルーノ・ベッテルハイムが述べるところによれば、ナチスの強制収容所で、彼は自分たちを支配・管理している親衛隊員が何を考えているのかを知ろうと、彼らを観察しようとしたところ、「見るな」といわれて殴られたという。それでは、彼らのことを見なければ殴られずにすむかというと、今度は、被収容者に暴行を加える親衛隊員の姿を見ていないといって殴られる。彼らの姿を見るべきなのか否か。それは、彼ら親衛隊員の恣意に委ねられていて、被収容者の側からは予測することができない。被収容者たちは、親衛隊とのあいだにコミュニケーションのコードを確立することができず、したがって、ネゴシエーションの過程に入っていくことができない。

私たちが、自由に行為するためには、行為の背景となる世界の同一性を前提とする。キャロルの描くコーカス・ゲームのような状況では、私たちは自分の行為を決定できない。このような世界の同一性、世界の連続性――アーレントが仕事＝作品に帰しているもの――を、収容所的空間は破壊するのである。したがって、収容所的な空間においては、一瞬一瞬がサヴァイヴァルとして現われるのである。一瞬毎に、ひとは、その世界よりも永く生き延びてしまうのだ。

一方には完全な恣意性としての命令があり、他方には完全な受動性としてのサヴァイヴァルがある。このような完全な分離の感性として、そしてまたその可視化として、収容所はある。だが、この完全な受動性においてさえ、ひとは無垢ではありえない。収容所的空間では、誰かが生き延びることは誰かが死ぬことである。たとえば、強制収容所へ移送される貨物列車のなかで、自分一人分の身体のスペースを維持するという、慎ましやかな生存への要求を満たすことでさえ、それが誰かの圧死を結果として招かないという保証はないのだ。収容所的空間、そこは、生きることと殺すことの等価性が顕わになる場所でもある。だが、その可視性を担うのは、被収容者、サヴァイヴァーの身体のほうであって、そのような状況に彼ら／彼女らを追い込んだ者ではない。幾重にも重なり合った暴力がここにある。

ここで、私たちは理解する。古代ギリシャ人たちが人間的な生であるビオスから区別したという単なる生命、暴力と分かちがたい生きること、生き残ることそのものであるような生、ゾーエーとは、そのようなものとしてあるというよりは、むしろ、作り出されるものである。少なくとも、私たちのこの世界では、そうであるということを。もしも、文化というものを、生きることと殺すことを切り離すとまではいかないにしても、生きることに対して殺すことをできるかぎり遅延させようとする努力であるとするなら、収容所的な空間は、文化の破壊にほかならない。

だが、エートス的な次元は、私たちが、通常「文化」として考えているものよりは広い。それは、スタンリー・カヴェルによるウィトゲンシュタインの「生活形式」の理解に近いといえるのかもしれない。カヴェルは、「生」を強調する。つまり、人間に共通する部分である。個々の文化的な差異よりも、人間的な生に共通するものを、むしろ、「生活形式」のうちに見ている。

あるいは、それはむしろ、神経系の隠喩によって理解したほうがいいのかもしれない。神経の隠喩では、習慣の形成とは神経系の接続として説明される。私たちは、神経系の接続そのものを意図して行うことはできないから、これは制作ではないし、また、神経系の接続には反復が不可欠であるから、一回的な実践とも違う。そして何よりも、実践であれ制作であれ、それらの行為は志向的＝意図的であるが、誰も神経の興奮そのものを意図して行うことはできない。別のいい方をするなら、志向的な行為においては行為（する身体）と志向対象との関係を隠喩的と捉えることができるが、神経系において存在するのは、神経接続とそれらのあいだでの伝達＝コミュニケーションにおける興奮の変換という、換喩的な関係なのである。

フロイトはいう、「ヒステリー症者においては、まるで、脳の解剖学など存在しないかのようだ」。つまり、ヒステリーにおいては神経系とは異なる論理が身体を支配しているのである。それは無意識の身体像と呼ぶこともできるし、あるいは、より簡潔に「表象」と呼んでもいいのかもしれない。いいかえるならば、表象とは神経系の破壊なのである。ヒステリー症者は表象に囚われている。習慣というかたちで身体化されていく記憶、それは、新たな神経接続をかたちづくる。また、自由に思い出せ、他者に向かって語れる記憶は、そのような神経接続を前提にして、その上に重ね書きされるのだといえるだろう。それに対して、神経の接続を破壊するような出来事の記憶は、表象として身体を支配する。

エートスは、このように身体のもっとも機械的な次元であり、人間の主体性の支持体ともいうべきものを形成している。私たちは「歩こう」と思って、そう意図して歩くのであるし、そうすることでしか、通常は歩くことはできない。特定の神経や筋肉を動かそうと意図して、その結果として歩くのではない。歩き方はたしかに習得したものであるはずなのに、それを思い出すことはできない。また、なぜ歩けるのかもよく分からない（ロボットに二足歩行させることがいかに困難であるかを考えてみればいい)。言語の習得もそうであり、言語を形成するメカニズムには無知であるが、私たちは言語を使用できるのである。私たち人間は、このように習得する以外にないものをもっているし、その最たるものが言語なのである。どんな言語も――ピジン言語であっても――、個人によって発明されることはできない。個人は言語を習得することしかできないのである。言語の始まりには意図は存在しないし、そもそも、言語には始まりなどないのである。(この意味で、「人類」とは、言語の発明者を名指す神話的な名前なのだといえるのかもしれない。)

機械性とは、このような習得することしかできないもののことであり、けっして、何らかのデザイン(意図)やプログラムの先行性を意味するのではない。むしろ、純粋な意図、志向性の実現とは、収容所的な空間において可能になることなのである。収容所とは、機械性としてのエートスの破壊なのである。人間は機械でなくなることで、人間でも主体でもなくなるのである。機械ではない人間は、ただの生命、生命でしかない生命になる。殺すことと区別し得ない生き延びることである生命に。

習得されるしかないものによって、私たち人間は、その生のかたちを築いている。それは、形相の付与者としての制作者=デミウルゴス(職人)をもたないという意味で、誰からも与えられたのではない「かたち」である。「かたち」の分有ということも、ここから考え直さなければならない。人間の行為を、いや、そればかりではなく、人間の文化というものを、制作をモデルとするのではなく、むしろ、学習をこそモデルとして理解しなければならないだろう。ひとは機械となることを学ぶのである。もちろんこれはけっして、収容所のなかの人間関係のことではない。収容所では、人間に学習を許さない。神経系は壊され、人間は機械になれないのである。

そして、ここにこそ私たちの問題がある。人間とは、いまだ、このような機械的な次元、エートスを、生の形式を共有する者たちのことであるのか。つまり、私たちは、まだ、人類をかたちづくっているのかということである。

機械的な接続を妨げるものが、今日、しばしば「民族」の名で呼ばれることがある。つまり、機械的な神経接続の総体、エートスの、生の形式の総体としての「人類」に対して、それを分断するものとして「民族」が語られる。それはまた、神経系の切断としての表象＝トラウマの生じる場所でもある。トラウマの生じる場所が「民族」と「民族」の境界であるかのように語られる。ちょうど、それまで「ドイツ人」でしかなかった者たちのあいだに「ドイツ人」と「ユダヤ人」の区別を生み出したように、「民族」と「民族」が区別され、その境界線が暴力によって引かれる。たとえば、ボスニア・ヘルツェゴビナで、「民族」間の差異を主張して始められた戦争は、結局、「平和維持軍」というもう一つの暴力によって追認され、セルビア人勢力とムスリム人・クロアチア人勢力とに一つの共和国が分割される。神経系が切断されるところでは表象が支配する。敵の表象によって取り憑かれた身体としての「民族」。

図と地は容易に反転する。一つの「民族」は別の「民族」にとっては収容所の壁を意味し、また、逆も然り。今日、民族は一種のデミウルゴスとして振る舞う。形式の付与者、あるいは、形式の起源である。しかし、それは実のところ、生命でしかない生命の露呈であり、生の形式の破壊にほかならない。今日「民族紛争」とされるものは、エートスの破壊であり、けっしてエートスを共有するもの、エトノス的集団として理解されるような「民族」の争いではない。

あるいは、こういうべきなのだろう。近代的な「民族」の概念は、けっしてエトノス的集団と混同されてはならない。なぜなら、エートスの根本的な特徴は習得されるもの、学ばれるものであり、生得的なものではないからである。生まれること（「民族 nation」がその語源とする）とエートスとは関係がないのである（この意味で、まさに、ろう文化とはエートスであり、ろう者とはエトノス的集団なのである）。

だが、このようにいったからといって、人類に対して切断を加える暴力を「民族」と名づけて実体化することを回避したからといって、それだけでエートスの破壊から人間が回復しうるわけではないし、さまざまな切断線が繫ぎ直されるわけではないのはいうまでもない。もしも、人類のエートス的な次元の強調が、まるでトラウマ的な出来事などなかったかのように、人類が今のままで分かり合えるかのように振る舞うことと理解されてしまうならば、その帰結は壊滅的である。それは加害者が、被害を受けた者に対して「自分たちのことを許さない」といって、和解の実現の遅延に対する責任を転嫁することを意味しているのだから。

私たちはむしろ、「人類」はすでに満身創痍であるというところから始めなければならない。つまり、サヴァイヴァーにとって、エートスとは何かと、問わなければならないのだ。それは、たとえば、植民地化された人間にとっての、そこへと同化することを強いられる植民地状況の——宗主国の、とはいいきれない——文化のようなものなのだろうか。エートスの破壊を生き延び、自分の属していた世界の崩壊を目の当たりにした者が、そこで生活しなければならない場所とは、支配されることを学ぶ場なのだろうか。

しかし、支配することや差別することを学ぶことはできるが、支配されることを完全に学ぶことはできない。なぜなら、支配されることが、もしも学ばれうることだとすると、学習の結果として何がしかの身体の自律性——機械的次元——が生じてしまうのであり、支配者の完全な意志のもとに服しているとはいいがたい状況になるからである。エートスは、他者から学ぶとともに、その他者を廃棄する。ちょうど自然言語が、他者から学ぶことしかできないにもかかわらず、自分で自分にそれを与えることができないにもかかわらず、習得してしまえば誰でもが、ネイティヴ・スピーカーとしては平等にその言語に関して権威をもつように。支配関係にしてもそうである。被支配者にとって支配関係を学習するということは、支配を内面化することであるが、それは同時に、支配者としての他者を廃棄して自分自身にしたがうということでもある。つまり、支配されることを学びうるとしたら、それは支配することを学びうるかぎりにおいて、支配者への同一化が可能なかぎりにおいてなのである。したがって、収容所的な空間のように、完全な支配が目論まれるとき、そこでは、支配されることは学習されない。なぜなら、そこで何より禁じられるのは、支配者への被支配者の同一化だからである（ジジェクが指摘するように、ここに、ナチスの収容所と、被支配者の支配者への同一化が求められるスターリン主義的な収容所との違いがあるのかもしれない）。

だから、収容所を生き延びてしまった者を悩ませる問いは、自分は支配者に対して同一化していたのではないか、というものなのである。エートスの破壊を生き延びた者が、振り返って自己のうちに見出すのは、そのような支配者への同一化の痕跡、いや、そのように見えるもの、つまり、支配者の表象である(「民族浄化 ethnic cleansing」という名――これもまた表象であり、「旧ユーゴ」を自らのトラウマの源泉であるかのように見做したがる、いいかえるならば、自分たちには責任がないのだと考えたがる「先進諸国」による物語化の失敗を示しているのだが――で呼ばれるものは、そのような表象を、まさに、物質化しようという試みとも理解できる)。

支配は、次の支配者へと継承される。支配は学ばれうる。被支配は学ばれない。この意味で、被支配者の伝統は存在しないのである。およそ伝統と呼びうるのは支配者の伝統だけである。しかし、被支配者の、支配者の伝統との関わりは、先に見たように、一般に自己―他者関係と考えられる支配関係を、自己―自己関係へと置き換えるところにその特徴がある。つまり、エートスが自分自身の生を導くものとなるのは、被支配者によるこのような置き換えにおいてなのであって、支配者の伝統においてではない。

だが、生き延びるためには、一切のエートス的なものを断念しなければならない状況下にあっては、つまり、トラウマ的な状況にあっては、支配関係の内面化=置き換えさえ不可能になる。関係あるいは規範の何らかの内面化が可能ならば、そこには、まだ、「経験」が成り立ちうるだろう。しかし、そのようなものを一切欠いた空間では、「経験」はもはや存在しない。「経験 Erfahrung」が、その言葉の通り、何ごとかを最初から最後まで潜り抜けることを意味しているのだとしたら、それは「経験」ではない。むしろ、ベンヤミンが「経験」から区別した「体験 Erlebnis」、ただ生きられたもの、ただの生命でしかないものによってのみ受け止められることができるものしかそこにはない。

神経系とは、あるいは同じことだが、文化とは、刺激に対する一種の遅延作用である。この「遅れ」

を、また、ベンヤミンは「アウラ」と名づけたが、アウラは人間にその対象を経験するための隔たり――時間的余裕――を与えるものなのである。アウラの喪失とは、対象を経験するためのこの隔たりの喪失である。いいかえるならば、それは経験の対象の喪失なのである。それでは、それは体験の対象の出現なのであろうか。いや、そうではないだろう。むしろ、それは「対象なるもの」の喪失であり、体験において、対象は個々ばらばらの刺激に分解され、しかも、直接神経系に接続されてしまう。

ここで起こることは、対象と人間との関係に代わっての、自律した神経系としての文化＝テクノロジーとそのような外在化した神経系から取り残され、ただの生命というかたちで剝き出しにされた人間の関係の出現である。神経系の振る舞いそのものが、つまり、エートス的なもののそのものが、人間を傷つける。エートス的なものから生き延びて、ひとは、ただの生命になるのである。むしろこういうべきだろうか。ひとは、エートスの自己破壊から生き延びて、ただの生命となる。

第一次世界大戦においては、戦車の出現に見られるように、人間は、完全に戦争遂行のテクノロジーの中に組み込まれた一部品、テクノロジーにとっての一素材であった。だが、第二次世界大戦においては、人間は素材であるとさえいいがたい。たしかに、収容所では、副産物として人間を素材にした製品も作られはした。しかし、ハイデガーもいうように、収容所が生産したのは何よりも、死体、ひとの死なのである。収容所において、エートスと生との分離が完全になされたとするなら、それは、エートス的なもの、文化、あるいは神経系といっても、テクノロジーといってもいいが、それが、人間の生をもてあましていたからである。

複製技術は、人間の生を介さずにエートスを再生産する可能性を開いたといえるだろう。つまり学習という手間をかけることなしに、機械的にコピーが可能となったというわけだ。アガンベンは映画という複製技術が、私たちの生身の身体に代わって身振りを担い、私たちの身体は、逆に身振りを喪っていくのだと論じているが、ベンヤミンの「複製技術時代の芸術作品」は、そのような複製技術時代に、どのように、私たちの生と、エートスを、神経系を接続し直すかという課題に応えようとしたものである。それは、シュミットの独裁概念に対するベンヤミンの応答なのである。主権者が命じ、大衆は歓呼の声でもってこれを迎え入れるという、シュミット流の独裁＝民主主義は、いうまでもなく、強制収容所において完璧なかたちで実現した。シュミットにとっては、独裁こそが、神経系と身体との再接合の可能性であったのだ。

技術、というよりもむしろ、テクネーは、ポイエーシスと結びつきながらも職人的な制作としてのポイエーシスを廃棄していく。なぜなら、ハイデガーがGestellとして問題化したように、テクネーは一種の自律的な領域として近代においては形成されていき、その再生産の過程から、人間による学習という要素を省略し始めるからである。マン－マシン・インターフェイスの性能の向上とは、人間から経験し、学習するという負担を免除することであるが、それは、Gestellとしてのテクネーからするならば、人間的なテクネーから、エートス的な要素を剝ぎ取り、純然たる制作、職人なき制作、制作でしかない制作としてのポイエーシスへと転換させていくことを意味する。つまり、ここで言葉遣いの正確さを期するならば、学習することしかできないものであるエートスと、それを基盤としたポイエーシスとの複合体である文化から、学習の要素と制作の要素とを分離し、制作可能なものによって学習するしかないものを置き換え、駆逐していく過程として、近代の技術は、あるいは複製技術時代の文化は、ある。そのような制作の究極の産物は、一切の学習の可能性をもたないもの、つまり、死体である。そして、その理想は神経系の直接のコピーによる再生産である。

複製技術――直訳すれば「機械的再生産」――は、機械的に再生産するというよりは、私たちの言葉でいえば、学ぶことしかできないものである機械性――エートス――を、学習によってではなく、制作されるもの、つまり、再生産の対象とする技術のことである。そのような再生産は、理想的に実行されるなら、人間なしで済まされるはずである。しかし、人間は生き延びてしまう。ナチスの強制収容所も、その最終的生産物は死体なのであって、トラウマの生産そのものは目的ではない。それは、たまたま生き残る者が出てしまったから――絶滅に必要な時間が取れないうちに戦争に負けてしまったから――にすぎない。人間が生き延びることは予定外なのだ。

しかし、人間は生き延びてしまう。エートスの崩壊を生き延び、エートスなき文化としてのテクノカルチャーのなかを生き延びる。このように生き延びた者を表象が、トラウマが捉えるのである。

テクノカルチャーでは、ひとは直接機械と神経系で繋がれているようでいて、その実、それは表象に過ぎない。人間は機械の表象に囚われているのであって、けっして機械的に生きているのではない。私たちの生きている世界ですべてが表象であるとしたら、それは、世界そのものが私たちのトラウマだからである。私たちは、世界の存在に耐えられないから、それを表象に置き換えているのであって、実のところ、表象としての世界は、主観による制作物ではない。そうではなくてむしろ、それは世界を経験できない私たちの無能さの表われなのだ。世界を経験する能力、世界との神経接続を絶たれ、自分に襲いかかるばらばらの刺激の体験と世界とが分離されたまま、私たちは生きている。

予定外の生を。

私たちの困難は、この世界ならぬ場所——今日、世界とは表象なのであって、そこにひとは住み込めないのだから——で、世界の持続性を当てにせずに、生に何らかの見通しを、予定表を与えなければならないところにある。持続するものといえば、回帰する表象、そこに執拗に存在し続ける——existence ではなくて insistence——表象としてのトラウマだけなのだ。トラウマからエートスを生み出すこと、学習しえぬものそのものから学ぶこと、この目の眩むような課題に応じることが、今、私たちに求められている。

［一九九七年一一月］

テクネー／ポリス――国民化の時間性について

テクネー的なもの the technical とポリス的なもの the political とは、どのように関わるのだろうか。たしかにポリスはテクネーを排するように思える。ポリスは自由民男性によって構成されるのであって、テクネーの担い手である女性や奴隷をそこには含まないのだから。ギリシャ語の techne が、今日の「技術」と必ずしも相覆うような意味をもつわけではないことは承知の上だが、それでもなお、テクネーとは、女性と奴隷たちが担った手仕事の知、道具を用い、経験し、熟練することを通してのみ、学ばれ、伝達される知であることには変わりない。それは、ルロワ＝グーランが「外部化」と呼んだものに関わっているのである。

アンドレ・ルロワ＝グーランが人間の道具の使用に関して語った「外部化」の論理はかなりユニークなものだ。なぜなら、それは人間の延長として道具を理解するのではないからだ。つまり、人間というものが先にいて、その内部が環境に展開なり投影なりされたものとして道具を理解するのではなく、むしろ、道具こそが人間を生み出したのだと考えるのである。人間が道具の起源なのではない。逆である。道具こそが――いってみれば――、人間の起源なのである。自分の身体の外部を道具というかたちで記憶装置として用いることで、遺伝的記憶とも個体的記憶とも異なる記憶の領域が構成される。

死すべきものの生 bios は、このような記憶によって構成されている。死すべきもの、つまり、神でも獣でもない者たちである。死すべきものは、単体では生きていけない。それは何も、単体では餌に事欠くから、生存に必要なものは交換を通じてしか確保されないからではない。そもそも、それは、生のかたちを単体ではもちえないからである。死すべきものにとって、生のかたちは学ばれるしかない。それは教えることが不可能なものだ。プラトンは『メノン』で、「徳は教えることができるか」を問う。この対話篇では、徳を教えることのできる教師はいないことが結論されるのだが、教えられないものに関して人間が行いうることは、想起であるとされる。生まれる前の記憶を思い出すことが、徳を身につけることなのである。そして、この場合の徳とは何らかのかたちでポリスの役に立つことであると理解されているのだが、そうであるとするなら、そのような徳の中でもっとも尊重されるのが、祖国のために命を捨てる勇敢さであることは容易に理解できる。

ポリス的なものを成り立たしめるのは、戦争の記憶である。ポリス的生において想起されるのは、まず何よりも戦死者たちの功績 ergon である。勇敢に戦って死んだ者たちの行為を、たとえば葬送儀礼における演説 logos として想起するのである。すなわち、ポリスを可能にする想起、いいかえるならば、非ポリス的なものからポリス的なものを分割するような想起とは、行為 ergon の言説 logos への置き換えとして存在する。

だが、ポリスを可能にする分割は、言説／行為という対立ばかりではない。実践 praxis／制作 poiesis という対立も、また、ポリス的なものにとって構成的である。この点で、『メノン』においてソクラテスが奴隷に幾何学の証明を「想起」させたことは示唆的であるだろう。それはたとえば詩人による想起のようにほとんど別の人格が取り憑いたかのような――精神分析であるならば「症候」と呼ぶようなものではなく、あくまで言説上の想起なのである。このような言説上の想起において忘却されているもの、つまり、ポリス的なものを可能にする分割そのものとは、いったい何なのだろうか。

それこそがテクネー、学ばれることとしかできないものではないだろうか。たとえば、行為そのものが評価される実践と行為の帰結が評価される制作とに、人間の活動を二分して考えるとき、テクネーはそのどちらに近いのだろうか。実は、テクネーはそのどちらをも可能にしながら、そのどちらからも抹消されているのではないだろうか。

私たちは、通常、道具的なものを目的手段関係の中で理解してしまうことが多い。しかし、道具は、目的手段関係の中に収まるのだろうか。むしろ、道具こそが目的を可能にしているのではないだろうか。現象学的な志向性 intentionality の議論に端的に見ることができるが、しばしば道具――言語も含めて――は、志向性の充足――意図の実現――を可能にしながら、それ自身は志向性にとっての透明な媒介物として消滅していくものと見なされているように思える。しかし、ベンヤミンの純粋言語論――それは純粋な道具、それに先立つ意図のない道具としての言語を論じたものである――を見ても分かるように、道具的なもの――テクネーの領域――とは、伝達可能性そのものの伝達のメディアである。

いいかえるならば、テクネーとは、あらかじめそれに先立って存在する「人間」なるものが自分の意図＝志向性を非人間的なもの――物質、自然――に押しつけ、非人間的なものを人間化するための手段なのではない。そうではなくて、そもそもそこにおいて人間的なものと非人間的なもの——ギリシャ的ないい方をするなら、死すべきものと不死なるもの——との差異が定義されていくようなネゴシエーションのメディアなのである。アーレントの偉大さは、人間の活動 ergon を、行為 action と労働 labor の二つに分割するのではなく、そこに道具的なものの領域としての仕事＝作品 work を、そもそも世界を可能にするものとして差し挟んだところにこそある。ここにはポリス的なものが非ポリス的なものを言説的に想起するのではない想起があるといえる。ポリスが自らとは異なるものとして放逐したテクネー、つまり、奴隷労働を、ポリスの、言説的領域の可能性の条件として想起しているのである。

このようなかたちでテクネーを想起することができなければ、私たちは奴隷制に囚われたままに終わるしかない。つまり、自由な言説の領域と必然性に縛られた労働の領域という二分法に留まるしかない。初期マルクスが執拗に批判したのは、このようにして構想される「政治的解放」であったはずだ。あえて不正確ないい方をするなら、生産の場における総体的奴隷制を担保とした政治的平等である。それは宗教の忘却という意味での宗教からの解放でしかない。自由の領域と奴隷的な領域とに二分して、忘却の領域にすぎない自由の領域からテクネーを奴隷制の表象によって想起する。このような身振りの批判こそが初期マルクスの根幹を成す。マルクスが決定的な一歩を踏み出すのは、『経済学＝哲学草稿』で類的存在を生産において捉えるときであり、それはさらに『グリュントリッセ』で、生産の生産が生産様式として把握されることで、プラクシスでもポイエーシスでもない、テクネーについての思考が確立されたのである。マルクスが構想したのは、このテクネーにおける人間の解放である（そうだとするなら、コミュニケーション的合理性とシステム合理性とを区別して議論をたてることは、ポリス的分割の再現であり、マルクスに比して——そしてアーレントと比較しても——決定的に後退しているといえるのではないだろうか）。

ハイデガーが道具的連関として、「として」構造として、把握したものは、まさにこのテクネーの領域であったのだが、彼がマルクスほどに徹底的にテクネーについて思考しえなかったのは、ビアズワースが『デリダと政治的なもの』で指摘しているように、ハイデガーが時間のアポリアを回避しようとしたから、いいかえるならば、アポリアを解決しようとしたからである。つまり、「いま」は存在するともしないともいえるというアリストテレスが『自然学』で語った時間のアポリアに対して、ハイデガーは頽落的な時間性と本来的な時間性とを対比させることで応えようとするのである。『自然学』で語られるような点的な「いま」の連続として表象される時間性を頽落的なものと理解し、それに対して『倫理学』で語られる行為 praxis の時間性を本来的な「いま」として捉えることで、「いま」にその確固たる存在を与えようとするのである。プラクシスとは、人間の活動 ergon の「それ自体」である。いいかえるならば、日常生活の中では、つねに道具とともにある人間の活動 ergon が、それ自身を道具のもとに委ねている状態から「それ自身」へと立ち返るのが、プラクシスであり、そのような回帰は、それまでの活動を支えていた連関からの引き剝がしでもある。この引き剝がしこそが新しいことの始まりであり、その時間がカイロス、つまり、好機なのである。道具的連関から切り離された裸形の生を死すべき存在と見なし、その時間性を本来的な「いま」として理解したのである。そして、このような「いま」を体現するのが、不気味なものとしてのポリスに屹立する存在、das Volk なのである。たしかにハイデガーはポリスを、その境界が安定したものとしてではなく、つねにポレーモスないしアゴーンのうちにある unheimlich なものとしては理解していた（『形而上学入門』）。しかし、それはテクネーの想起ではなく、むしろテクネーとの闘争なのである。テクネーそのものがネゴシエーションの場としては理解されていない。戦後の、核テクノロジー、サイバネティクス、そして、バイオテクノロジーについて語るハイデガーも、けっして、テクネーそのものを人間的なものと非人間的なもののネゴシエーションの場としては考えられない。テクネーは、今度は、存在 Sein そのものが形而上学という自分のプログラムを実現するために用いるメディアとしてしか捉えられない。

ハイデガーは、良心の声に耳を傾け、また、存在の呼び声に耳を傾ける。だが、声が伝わってくるメディア、道具的連関にはどれだけ関心を払っているのだろうか。そしてまた、声をそもそも道具的連関に組み込まれたものとして、どれほど理解していたのだろうか。アーレントも、また、ポリス的なものとして身体なき声を夢想するのだが、今日ある意味ではそれは電子ネット上で実現しつつある。アーレントのいう「誰であるか who」が「何者であるか what」から解放された空間である。ネットワーク上では、ジェンダーさえも容易に変更できる。もはや身体は、人間の自然的な要素は、人間の声を規定する力を失ったかに見える。しかし、それはまさに声が電子メディアに組み込まれるかぎりにおいてなのである。それゆえに今日私たちは、ますます声がどのようなメディアを伝わってくるのか、注意を逸らすことができない。あるいは、この声がどのようなメディアなのかを無視することができない。つまり、who - what のネゴシエーションの場として、声を考えなければならないということなのだ。

これは誰の声なのか。それはけっして自明ではないし、あらかじめ分かるものでもない。私自身の身体から発せられた声であったとしても、そこで語っているのは誰なのかは必ずしも明らかではない。ハイデガーにとって本来的時間性は、「到来」の側から、いいかえるならば、いまだ現在とはなっていない「私の死」から、初めて捉えられるものである。「私の死」というアポリアを自分のものとしうるものだけが、つまり、「これは私の死である」といえるものだけが、空虚な点的な「いま」ではない「いま」を生きることができる。このような存在にだけ、「いま」が充足したものとして与えられる。だが、「いま」の空虚は充足されるのだろうか。あるいは、「私の死」という空虚な場所は埋められるのだろうか、それも、ほかでもない、この私によって。もしも、私が私の死の場所を充たすことができるのなら、きっと、私は自分自身に現在を与えることができ、したがって、無媒介の――メディア無しの――自己との関係をもつことができるだろう。だが、私が私の死を死ぬことができないのだとすると、私は、メディアなしに自分自身と関係することができない。いいかえるならば、テクネーなしに、自分自身を作り出すことはできない。

マルクスが捉えたのはまさにこのことである。私と私の死とのあいだのずれであり、逆にいうならば、私と私の誕生とのずれでもある。人間は類的存在として自分自身を生産するというときに、不可避に入り込む自己との差異である。人間は自分自身を生産するが、それはすでに存在する生産手段を用いてでしかない。この生産手段の時間性は、けっしてカイロス的なものではない。生産手段と生産関係はけっして一致しないのである。それは同じ「いま」を共有することはない。人間の有限性、死すべき存在としてのビオスとは、「私は死ぬことができる」という死の可能性から導かれるのではない。そうではなくて、テクネー的存在としての、類的存在としての人類こそが、私たちの有限性の源泉なのである。自分自身に自分の存在を時間的差異なしに与えることはできない。これが私たちの有限性なのである。

したがって、想起の問題が重要になってくるのである。それは、『メノン』でも触れられているように、私たちが自分の生の始まりだと思っているものとの不一致の経験だからである。現在、私たちの多くは、学ぶことは教わることだと思っている。そして、教えるにはそれに相応しい時期、カイロスがあると考えている。それゆえに自分の記憶には日付があり、始まりがあると思っている。だが、教えようという意図のもとに教えても教えられないことがあり、また、そのような意図とは無関係に学んでしまうもの、学ぶしかできないものがある。そのような記憶は、教わったという記憶なしに想起されるのである。人は教わったことしか想起しないのではない。

国民化の時間性は、このような想起の時間性を否定するものだ。国民化とは、まず、何よりも祖国のために死ぬことへと人々を動員するものである。それは死に場所を与える。私と私の死とが一致する特権的な場所を、葬送演説という言説において用意するのである。その言説の場に同一化するかぎりで、私は自分の死と一致することができ、したがって、無媒介の、テクネーなしの存在として、自分自身に現在を与えることができる。このような裸の生が、意図を実現するための手段としての武器をつかみ、祖国のために他人を殺すのである。そのとき、現在が現在に貼りついているかぎりで、それが志向性によって充足されているかぎりで、問題はない。だがもしも、殺人者の現在が充足されておらず、少しでも隙があり、メディアが、テクネーが現在のただなかに食い込んでしまったなら、そのときには、行為者は自分の行為ergonに対して自分が与えようとした意味、自分の志向性以外のものを想起してしまうだろう。したがって、想起される行為は選別されなければならない。自分で自分の声を聞く以外には許されない。

このような自分で自分の声を聞く存在、テクネーなどまるで存在しないかのように、無媒介に＝メディアなしに、自分の声を聞く存在、その単位を近代では「民族」と呼んできたのだし、また、そのような生を、死すべき存在であるビオスと対比して、不死なる生命、ゾーエーとして把握したのは、『人間の条件』のアーレントであった。国民化とは、このように自分自身にその始まりと終わりとを与えられる存在として――しかし、永遠の存在として――「民族」を創出する働きのことである。自分自身の声のなかに、自分自身には起源をもたない他者の声を聴き取ることのない存在が「民族」なのである。だが、ビオス的な存在、テクネー的な存在は、その有限性を、自らを――そして自らが属する集団を――起源としない記憶の想起によって徴づけられているのである。

想起するとは、自分のものであると思っていた記憶が自分のものではないと知り、また、自分の声であると思っていたものが自分の声ではないと知ることである。徹底的にカイロスを、チャンスを取り逃がす間の悪さ、タイミング＝時間化の悪さによって。マルクスのいう類的存在としての人類は、このようなタイミングの悪さによって規定されている。それは、種的存在である「民族」が、戦争へと向けてずれを調整し、ねじれをなくし、タイミングを合わせていくのとは対極なのだ。

今日、多くの人々がタイミングを合わせようと、ちょうどよい好機に介入しようと待ち構えている（たとえば、中学生に「慰安婦」について教えるのは時期尚早である、というふうに）。リアル・タイムへの渇望はその現われであるだろう。カイロスを逃さぬようにと身構えている。だが、いうまでもなくリアル・タイムとは、メディアを人間にとって完全に透明にしようとすることであり、テクネー的なものを抹消しようとする試みである。「リアル・タイム」は国民化を全世界的規模で発動させつつある。もはや、誰も自分の中の他者の記憶を想起することはできなくなっている。ランシエールが指摘しているように、今日では、誰も「われわれは皆赤毛のユダヤ人だ」とはいえなくなってしまった。ランシエールもいうように、今日大切なのは被抑圧者への同一化ではない。誰に同一化するのか、という問いの立て方では、この国民化の暴力には対抗できない。他者に同一化することなしに、私の中にある他者の記憶を想起すること、あるいは、他者への同一化への抵抗として、この私において他者を想起すること。この可能性が問われているのではないだろうか。

［一九九八年一月］

アーレントによれば、政治的なるもの the political の根底にあるのは人間の複数性である。もちろん、これは、ただ単に人間という種に属する生物の個体が複数存在するということではない。きわめて乱暴ないい方をすれば、これは「あなたは私ではない」ということである。あなたと私は同じではない、あなたと私は共通なものをもっていない。このことこそが、政治的なるものを可能にする。したがって、政治的なるものとはコミュニケーションの可能性そのものと一致する。なぜなら、あなたと私とが同じであったなら、私たちは何もコミュニケーションする必要がないのだから。ベンヤミンは、純粋言語をコミュニケーションの可能性のコミュニケーションとして定義するが、それは、あなたは私ではなく、かつ、私はあなたではないということの伝達――あえていうならばそのことの共有――なのだ。

だが、今日、精神分析が語るように、同一化なしには主体は存在しないのだとしたら、つまり、あなたでないような私は存在しないのだとしたら、それはどのように理解したらよいのだろうか。おそらく、言語学が言説として言語の振る舞いを捉える際に問題とされる一人称と二人称の関係が、コミュニケーションにおけるこの矛盾に明確な輪郭を与えているといえるだろう。それは、言説の内部におけるポジションとしての一人称と二人称の非対称性と、それにもかかわらず、潜在的には確保されている一人称と二人称の交替可能性のことである。たとえば、「私はあなたに命令する」というとき、「私」は「あなた」ではないが、しかし、この「あなた」は、また、「私」である。なぜなら、「私はあなたに従います」などと返事が返ってくるのだから。

言葉を話す者なら誰でもが「私」であると、「私」の空虚さを指摘したのはヘーゲルであるが、さらに、フロイトは、夢においては、言葉を話せぬものさえも「私 Ich, ego」であると論じた。「私」は、このように何にでも憑依する。何かに取り憑いているかぎりでそれは存在する。それはちょうど肉体を欠いた霊魂が、この世にかたちあるものとして存在するために誰か適当な肉体に憑依するようなものだ。「私」ないし「自我」と呼ばれるものも、それ固有の存在を欠いており、その存在を誰か——あるいは何か——から借り受けるしかない。

コミュニケーションとは、一面で、このような「私」の憑依のプロセスであり、したがって、そのかぎりでコミュニケーションの可能性——あなたと私の違い——の否定なのだ。つまり、コミュニケーションとコミュニケーションの可能性とは両立しない。コミュニケーションとは、コミュニケーションの可能性の廃棄なのである。(ここには、可能性から現実態への移行に関して議論された問題が、とりわけ神の世界創造に関わる問題が、集約されている。)

今日、共同体の問題が語られるとき、それは、コミュニケーションに基づく共同体なのか、それとも、コミュニケーションの可能性に基づくものなのか、それを見定めなければならないのはこういうわけなのだ。たとえば、ジャック・ランシエールは、一九六〇年、アルジェリア解放闘争に関してフランス人が感じていたのは「フランス人であることの恥ずかしさ」であったという。フランス人であることという自らの同一性――フランス人‐存在への同一化――の解体こそが、アルジェリア人との連帯という普遍的なものに結びついたのだという。ところが――ランシエールによれば――、今日、旧ユーゴや第三世界の人々に対して先進国の人間が採る連帯の態度は、「犠牲者」への同一化に基づくものになってしまった。だが、同一化によっては、人は普遍的なものに辿り着けないのだと、彼は、そのような態度を厳しく批判する。

また、ジョルジョ・アガンベンは、恥は革命的な感情である、という若きマルクスの言葉を引く。マルクスは、ドイツ人であることの恥ずかしさ、それは自らの存在に向けられた怒りであり、すでに革命なのだという。私たちは、これにさらに、恥は存在論的な感情である、と付け加えなければならないだろう。なぜなら、恥は私自身の存在に関わっているのであって、したがって、フランス人、ドイツ人、あるいは日本人という存在者に力点があるのではないからである。もしも、「であること」の側に力点がないのであれば、「フランス人」「ドイツ人」「日本人」というものの内容を改善していけば済むだろう。いいかえるならば、よりよいフランス人、よりよいドイツ人、よりよい日本人になることが、私の恥に対する解決となるはずだ。だが、恥の感情は、マルクスがいうように、私の「自身」への、私の存在への怒りなのである。怒りの対象は、単純に「日本人」や「ドイツ人」などということではない。別のいい方をするなら、単に同一化の対象――「日本人」「ドイツ人」――ばかりではなく、同一化という働きそのものに対して怒りが向けられているということなのだ。

私たちが忘れてはならないのは、ナンシーやアガンベン、あるいは、アルフォンソ・リンギス、それにランシエールといった現在の共同体をめぐる議論の根底にあるのは、このような恥と怒りの感情であるということである。移民が、失業者が、難民が捨て置かれ、死んでいくこの社会、この世界の一員として、それを恥じ、怒る者たちこそが共同体を思考する者たちなのである。

それゆえに、共同体についての思考が絶えず立ち返るのは、「人間であることの恥ずかしさ」というプリモ・レーヴィの言葉である。今日、人類という共同体が考えられるとしたら、それは、この「人間であることの恥ずかしさ」から出発してでしかない。それは、何も、恥の感情を共有する共同体というのではない。贖罪を共有する共同体ではない。あえていうならば、人間であることへの同一化を解体する身振りを共有するというべきか。

ここで、コミュニケーションが実現することによって破棄されてしまったコミュニケーションの可能性はどこに追い遣られたのか、その場所について考えてみたい。神による世界創造はそれに先立つ可能性ないし可能態があったのかなかったのかという問題へと迂回することで何がしかの手掛かりが得られるに違いない。一神教的伝統では、神は無から世界を創造したといわれる。つまり、世界に先立つのは無なのである。無こそは世界創造の素材であるともいえる。それでは、この無はどこから由来するのか。世界の創造によって廃棄されるのは、神が世界を創造しない可能性である。神学において神が世界を創造しない可能性はしばしば否定されてきた。世界の創造は、神の存在と同様に必然であるとされてきたのだ。だが、注意すべきなのは必然性とはどのようなものかということだろう。アリストテレスによれば、「必然性」とは「存在しないことができない」という、一種の無能さとして定義される（それに対して、「可能性」とは「存在しないことができる」ということとして規定される）。神の存在が必然であるとするならば、それは神の無能さの表われであり、また、神による世界の創造が必然であるとするならば、それも神の無能さなのである。しかし、それは、見方を変えるならば、神は世界の創造において自らを無能な者にするともいえる。破棄された可能性――世界を創造しない可能性、まさに世界の可能性そのものとしての世界が存在しない可能性――こそが、世界がそこから創造される無なのではないか。そして、このような無の内にこの世界の悪の根拠を見、神の内なる地獄を見たのが、ベーメやシェリングである。つまり、地獄とは何ものかが実現されることによって破棄された可能性のことなのである。

　このように見てきて、私たちは、コミュニケーションが実現することによってコミュニケーションの可能性がどこに追い遣られるのかを、やっと理解することができる。それは地獄である。したがって、コミュニケーションの可能性のコミュニケーションたる純粋言語とは、アダムの言語であるばかりではない。それは、地獄の言語でもあるのだ。たとえば、ベンヤミンは翻訳を作品の死後の生と呼ぶのだが、それはけっして楽園にやすらっているのではないことを私たちは理解する。翻訳とは、コミュニケーションの実現ではない。むしろ、その影、地獄におけるその分身なのである。可能性としての世界の不在は世界の創造に先立つ、つまり、世界と歴史の「始まり」に先立つ。したがって、地獄は起源ないし根源 origin よりも、もっと古いところに位置しているのだ。それと同じように、翻訳は、作品の死後の生のさまざまなヴァージョンは、そのオリジナルよりも、非-歴史的に古い場所からやってくるのである（アウグスティヌスが伝える例のジョーク――「世界を創造する以前に神は何をしていたのか」という問いに対する唯一可能な答えは「そのような不敬な質問をする者のためにせっせと地獄をつくっていた」である——は、このかぎりでは真実であることを認めなければならない)。

歴史の始まりよりももっと古い、この地獄、そこにプロレタリアートのもっとも裸形の生を見出したのは「地獄についての考察」のブランショであったが、それは、また、ベンヤミンの歴史に対する感覚でもあるだろう。ブランショがプロレタリアートと呼ぶものは、むしろ、マルクスが革命の主体からは排除しがちであったルンペンプロレタリアートである。それは、反抗する能力も奪われ、そもそも自分の苦しみを「私」の経験として経験する能力も奪われた存在である。ブランショはいう、ヘーゲルの奴隷であれば、まだ、主人をもつという幸運に恵まれている。奴隷ならば、主人に対して反抗し、いつかはその支配を廃棄する可能性がある。ところが、地獄に生きるプロレタリアートたちから奪われているのは、そのような可能性そのもの、あるいは、いいかえるならば時間性なのである。歴史の主体となるということ、何ごとかを、行為を開始するという能力、それがそもそも奪われているのである。地獄にいないのは主人ではない。あるいは少なくとも、主人だけではない。地獄は主人なき奴隷の場所なのではない。むしろ不在なのは奴隷自身なのである。そこにあるのは、奴隷なき従属である。地獄では、シーシュポスのように、ただ繰り返し、再開することしかできない(あるいは、始めることにおいて際立った無能ぶりを示す——その点でスピノザとは対照的な——ヘーゲルを思い出すべきか)。

だが、ブランショもいうように、ここで大切なのは、自らは地獄にいないと思っている者が、地獄にいる者たちに対して救済の手を差し伸べようとすることではない。つまり、歴史の外部、歴史に先立つものを歴史化することではない。性急に歴史の主体たろうとすることではない。「地獄に堕ちた者たちを救うことが信仰のまわりを執拗にめぐっている課題であるということは想像にかたくない。それにくらべれば、地獄に堕ちた者たちに向かって万人の救済のための秘密と道筋とをたずねようとする考え方は、はるかに奇異なものだろう。しかしながら、まさにそれこそ、われわれの世界のうちの、ある特定の一部分がこれまで求めつづけてきたものなのである」(「地獄についての考察」清水徹訳)。

アーレントは、ドイツの強制収容所を逃れた後に、地獄とはもはや一軒の家や一本の木と同じように現実のものであり実在するのだと説いたが、当時、周りの者は誰も聞き入れてくれなかったという。地獄とこの世界とは区別がつかない。それは、現実とその可能性とが——その実在性という一点を除けば——区別がつかないのと同様である。地獄とこの世界との違いは、おそらくはたった一点に集約される。それは地獄は世界を欠いているということである。なぜならば、地獄とは、世界の創造に先立つ、世界の不在の可能性なのだから。地獄にいる者たちは、世界なき生なのであり、あるいは逆に、世界なき生の場所が地獄なのである。地獄には世界以外のすべてが揃っている、ちょうど強制収容所のように。そこには、さまざまな秩序があり、道具があり、命令もあるかもしれないが、ただ、世界だけがないのである。そして、今日、人間であることと人間でなくなることとも見分けがつきがたい。

もしも、革命が地獄からの解放ではなくて、地獄そのものの解放をこそ、その課題とするのであったとしたら、どうであろうか。「人間であること」が、今日、人間でなくなるという経験、あるいは、経験する主体がいなくなるという意味では経験とは呼び得ないもの、それによってのみ支えられているとしたら。

ここで、地獄についてもう少し考えてみよう。ヤーコプ・ベーメによれば、天国とは、魂が神の愛に参与することである。いいかえるならば、それは、神の意志への服従であり、自らの意志の放棄である。反対に、地獄とは魂が神の怒りに参与することであるが、具体的には、魂が自らの意志に——そして、自らの存在に——固執することにほかならない。ベーメにおいても、フロイトと同じく、愛は結合の原理なのである。つまり、そこに働いているのは同一化である。だが、フロイトと違ってベーメではははっきりと見て取れるのは、同一化において存続するのが「私」の存在ではないということである。たしかに、神の愛において私は永遠の生命を得るが、それは、自らの存在と引き換えになのだ。それは、フロイトにとって同一化のメカニズムが、喪われた対象と自我が合体して、むしろ自我ではなくその対象の方に——死後の——存在を与えるメランコリーとして考えられるのに似ていなくもない。したがって、アイデンティティとは同一化のプロセスとしてのみ理解しうるとするなら、アイデンティティをもつということは、自らの存在を失い、そうすることで永遠の生命——自我の理想としての「日本人」や「ドイツ人」や、あるいは、「男」、「異性愛者」など——に参与することであることがわかる。それに対して、地獄とは、理想へと同一化することなく——することもできず——、自らの存在に執着することなのである。

フロイトが理解したメランコリーのメカニズムとは、失った対象を理想として自らのうちに復活させ、保存しようという働きである。それでは、なぜ対象を失ってしまったのか。それは、無意識の論理としては、自我がその対象を破壊したからなのである。ここに罪悪感の根源がある。というよりも、より正確には、ジュディス・バトラーがメラニー・クラインの読解を通して示したように（『権力の心的生』）、むしろ、罪悪感を通じて、自我は対象の（幻想的）破壊を食い止めるのである。対象に対する憎しみを愛に変換するのが、罪悪感なのだ。対象に向けられた怒りを自分自身に振り向けることで、対象を破壊から守るのである。同一化とは、このようにして対象を自分の内部で、自分の攻撃から守ることにほかならない。それでは、なぜ自我は対象に対して憎しみを抱くのか。それは、自我が自分の存在に執着するからである。自我にとって対象とは、まずもって自分の存在に対する脅威、その障害として出現する。対象に対してそのような憎しみをもってしまったことに、罪悪感を抱き、今度は反対に対象に同一化して、対象の存在を、自らの存在に対して守るのである。

このような対象への同一化とは違ったかたちで、個体化を考えることはできないものだろうか。自我の理想なしの個体化。自我の理想なしの共同体。

自らの存在への執着だけによって定義される個体性。それは、まるで、スピノザの考える個体のようだ。それは、「誰か anyone」であるような存在、「誰か」でしかないような存在であるだろう。だが、この「誰か」は、まさに個体であることを忘れてはならない。それは、けっして、種の生命、ゾーエーとは同一視されてはならないものなのだ。たしかにギリシャ人の、あるいは、アーレントの理解するようなポリス的な生、ビオスではない。それは、ハイデガーならばダーザインの非本来的な在り方、「ひと das Man」と呼ぶものである。それは、生でしかない生であるゾーエーと、ほとんど見分け難いことは認めよう。しかし、ちょうど精神分析が、セクシュアリティ――性的な欲動――の原初形態を生存――自己保存――のための本能に伴う、それへの依存として見出すように、生の形式、いわゆるビオスを、ただの生、生でしかない生の遂行 performance のうちに見出すことはできないだろうか。剝き出しの生が、ほかならぬ、その生への執着のために「誰か」として現われる瞬間を捉えることはできないだろうか。

苦しむ主体さえ奪われ、「私が苦しんでいる」ということもできず、それゆえに反抗する主体でさえない者たち、「私が生きている」のではなく「誰かが生き、苦しんでいる」としかいえない者たち――ブランショのいう「地獄」、プロレタリアート。たとえば、ブルーノ・ベッテルハイムの観察によれば、強制収容所で真っ先に参ってしまうのは、収容所の外の世界で誰であったか、その身元 identity にこだわる者たちである。強制収容所では、その世界――世界ならぬ世界、世界なき世界――に順応しないことは死を意味する。しかし、過剰に適応してしまい、生きる意志そのものを失うならば、これもまた死にいたる。生き残るために最低限必要な生の形式化、それは「誰かが生きている」ということである。この「誰か」が何か実定的な内容によって埋められてしまってはだめなのだが、しかし、それが失われて、誰でもない者になってはならない。ただの「生きている」になってはいけないのだ。「誰かであること being anyone」、それは、アーレントのいう「誰 - 性 who-ness」の最低限の形式であって、「何者 what」から「誰 who」を分かつその差異の零度にほかならない。

一切の能動性を奪われた存在にとって、反抗とは何を意味するのか。それは「誰かが生きている」ということ、何かを選び取る能力が喪われた後で、生き延びることにおいて、生き残ることにおいて、反抗が、抵抗が形成される。誰かであること、それは、ポリスを構成する自由民市民男性の生のような、輝かしい公共空間への出現ではない。しかし、それは現われであり、いわばアウラのような密やかさを伴って、自らに距離を穿つ。魂は、肉体の牢獄(フーコー)であるばかりではない。それは肉体の劇場でもある。「誰かであること」は、生に現われとしての性格を与える最低限の隔たりを創設するのである。いわば、それこそが魂なのだ。つまり、魂は、一部の者たちがそう考えたがるような生の直接的な自己把握、いいかえるならば、体験ではない。

地獄、それは、このような魂の創設の場、魂が自らの存在に執着する場所であり、個体性の経験の在処なのだ。

それでは、このような地獄と、恥の感情とは、いったいどのようなつながりがあるのだろうか。たしかに、アーレントがいうように、今日、地獄は、家や木と同じ実在性をもっている。つまり、破棄されたはずの可能性――世界の非存在――が現実のものとなっているのである。しかも、そのような地獄を造り出す働きは、いいかえるならば、世界の存在と非存在とを混ぜ合わせ見分け難くする営みは、さまざまな「国民」や、さらには「人間性」の名のもとに行われているのだ。そして、このことが私たちを打ちのめす。これらの名を私が共有していること、私の存在が、これらの名に同一化することにおいて構成されていること、このような私の存在に対する耐え難い怒りが恥の感情を生み出す。

恥の感情は、同一化の対象に対してばかりではなく、まず何よりも、自らの同一化の働きそのもののに対して怒りを向ける。それは、このかぎりでは、怒りを対象から自分自身へと転位させる同一化とは違うやり方で、怒りを対象から逸らす努力なのである。対象から同一化の作用そのものに対して怒りを移し替えることで、自らの存在を、別なやり方で構成しようとするのである。この意味で、恥は存在論的な感情なのである。それは、いままで私の存在を構成し、規定していた同一化の対象――自我の理想であるようなさまざまな名前――を廃棄し、別の対象へと同一化することではない。そうではなくて、そもそも「私」の存在そのものの在り方を変えようという努力である。

それはまた、生き延びようという努力でもある。なぜなら、一度同一化の対象を喪っても、その空白を別の対象によって埋めることなしに生きようというのだから。つまり、対象喪失による存在の危機に二度と遭わないための努力なのだから。存続するのは同一化の対象ではなくて、自分自身の存在なのだ。したがって、恥じること、それは、喪失そのものを喪失しようとすること、喪失の喪失のうちにこそ自分の存在を見出そうとすること、そういった試みでもある。

この恥の感情によって、自分自身の存在に対する怒りによって、私は「誰か」に触れる。「誰か」、それは私たちが「誰? who?」と尋ねる相手である。たしかにただのモノではないことはわかるが、それ以上、何者であるかわからない相手に対して、私たちは「誰」と問う。「何者」という問いにならば、「味方である」とか「教師である」とか応えればいいのだろう。だが、「誰」という問いに対しては「味方」とか「教師」とか、あるいは「本人」とか「CIAの秘密工作員」などという、意味のある名前――相手にとって理解可能な名前――を応えたりはしない。そのときは自分の名を名乗るのである。初対面の相手に名を名乗ったところで、それは些かの情報をも相手には与えない。それは理解することができない名、その意味で空虚な名である。「誰か」であるということは、そのような名――固有の名――をもっているということだけが知られているということである。だからこそ、私たちは「誰か」に「誰」と問うのである。だからこそ「誰かであること being anyone」――「それなりの者であること being someone」ではなく――は「誰であること who-ness」の零度なのである。恥の感情において、私は私の「誰かであること」に触れる。

「誰」と尋ねるその瞬間に、私たちは、「名」ではなく、「名をもつこと」を分有する。今日「名のある者たち」から「無名の者」とされる者たちは、まさに名を奪われていることによって、「名をもつことそのもの」なのである。名をもつことそのものとしての「誰か」、そして、名をもつことそのものの分有、つまり、コミュニケーションの可能性としての地獄。

今日、連帯とは、名のある者――「先進国の市民」など――が、名を喪った者に対して、同一化し、名を与えること――「犠牲者」――や、名を共有しようとすること――「同じ人類の一員として」、「人類の名の下に」――ではありえないだろう。いや、そもそも二十世紀後半において人類の連帯とはそのような同一化ではありえなかったのではないか。名を共有する主体としての人類ではなく、名をもつことを分有することによって構成される共同体としての人類、それは、私たちにとっては、恥と怒りの存在論という通路によってのみ辿り着けるものなのである。

〔一九九八年三月〕

悲劇の批判——朽ちることとしてのDasein

被造物は朽ちゆく。被造物のこの時間性と歴史との関わりについて考えてみたい。

ベンヤミンにとって歴史が可能になるのは、朽ちゆく被造物の歴史としての自然史によってである。ギリシャ悲劇に表わされているような神話的時間は歴史には属さない。なぜなら、神々の身体は、そして、半神である英雄＝主人公たちの身体も、朽ちることはないからである。たしかに、神々ならぬ英雄たちは死すべきものではある。だが、死すべきものと朽ちゆくものとを混同してはならない。ハイデガーにとってダーザインとは死すべきもの、つまりは、人間のことであった。しかし、私たちにとってダーザインとは、まず何よりも朽ちるものなのである。

生命そのものとしての生命、生命でしかない生命、つまり、ゾーエーは朽ちることを知らない。個々の個体は、老い、やがて朽ちていくが、生命そのものは、それら個体の衰弱によって傷つけられることなく、永遠に若々しい。生命そのものにとっては、個体こそがそこから癒されるべき傷にも等しいものなのだ。ハイデガーは、このようなロマン主義的な生命概念に異議を唱え、むしろ、死をその思索の中心に置いた。死は生命によって克服されるべき何かではない。死はそれを踏み越えることのできない限界であり、ダーザインは自らの「それ自身」へと、先駆的決意性によって、自らの死にうることによって、立ち返る。だが、もちろん、この自らの死の先取りは、本当に死ぬことを意味しない。それゆえに、各々のダーザイン（そこ存在、人間）にもっとも固有な可能性である、この死にうることは、それ自身のダーザイン（定在）をもつことはなく、したがって、朽ちることはない。

朽ちゆくものは、自らの朽ちることを、ただ可能性としてもっているのではないし、また、それを先取りすることもない。建物が朽ち、廃墟になるように、それと同じように、人間の身体も朽ちてゆく。つまり、それは見捨てられているのだ。すべての個体は、十字架上に捨て置かれている死体のように、この見捨てられているということにおいて個体化されているのであり、見捨てられているということを共有している。ということは神々もまた、真に個体であるならば、朽ちゆくはずであり、見捨てられているはずなのだ。大いなるパーンは死んだ。もはや個体は、生命それ自体としての生命が自在に付け替える仮面ではなくなったのである。自然をピュシスとして、疲れを知らぬ生成として捉えることは、もうできない。自然もまた、見捨てられ、衰弱し、荒れ果てるものとして理解されなければならない。被造物の総体として、個体の総体として。それが自然史である。個物は Anwesen lassen、現前へと遺棄されている。

見捨てられた神々、朽ちるものが記号として捉えられるとき、それは、アレゴリーとなる。アレゴリーとは、朽ちるものの救済である。救済ではあるが、そこで救われるのは、現象であって、その「自体」、「それ自身」ではない。象徴的解釈においては記号を通じて解釈者が生ける現在に参与するのに対して、アレゴリー的解釈では解釈者と記号のあいだに時間的な隔たりを前提する。アレゴリーにおいては記号それ自体が朽ちゆくものなのである。記号の物質性とは何かといえば、それは、たとえば犠牲にされた動物の内臓のように、あるいは獲物となる動物の足跡や臭いのように、読まれるそばから衰退していくところにこそある。ベンヤミンにとって読むことは、対象に類似することによってその秘密や力を獲得しようとする模倣の能力と関係があるのであって、私たちが普通に「文字」と考えているものよりもはるかに古くまで遡ることができる人間の能力なのである。それは、もしかしたら、その模倣の対象が朽ちてしまう前にその力を保存しておこうという、そういう能力なのかもしれない。いまでも、文字には何がしか、かつての読むことの名残がある。子供が文字を読む真似をしているとき、そこにおいて模倣されているのは、むしろ、模倣の能力なのである。

ボードレールにとってと同じくベンヤミンにとっても進歩、つまり、産業化による生産力の発展とは、さまざまな事物の朽ちゆく速度の加速化を意味していたのであり、この点で自然史的な過程なのである。近代においてアレゴリーとは、打ち捨てられ、朽ちていくものたちの連帯を意味する。ベンヤミンはクラカウアーを屑拾い Lumpensammler――革命の日の朝の屑拾い――に擬えたが、もちろん屑拾いとは、それ自体、ルンペンプロレタリアート Lumpenproletariat にほかならない。産業化がその「屑」として不可避に生み出し、また、必要ともしている最下層の労働者たち、一八四八年の革命の担い手であり、ボードレールの詩の主題＝主体である。朽ちゆくものが朽ちゆくものを集め、解釈するのである。

これは、ベンヤミンにあっては悲劇的なもの Tragedie, Das tragische の批判という彼の一貫したモチーフに関わる。悲劇的なものにおいては、生命は個体によって傷を負い、あるいは、個体という傷を負い、その傷はその個体の死によって癒される。それは、個体と生命との和解の過程であるのだが、重要なことは――ベンヤミンは指摘する――悲劇という形式を成り立たせているのが対話であるということである。いや、むしろ、対話の法則性が純粋に表現されるとき、それは悲劇的になるのだとベンヤミンはいうのである。教授資格論文（バロック演劇論）を中心とする時期のベンヤミンは悲劇 Tragedie に対して哀悼劇 Trauerspiel を対置する。哀悼劇にとっては言語とは、通過の一地点にすぎない。哀悼劇とは文字通り、哀しみ、あるいは、喪 Trauer の劇である。自然はなぜ口を利かないのか、とベンヤミンは問い、それに対して、哀しみに沈んでいるからだと答える。哀悼劇においては、自然の挙げる叫び声が音楽へと移行するその経過点として言語があるにすぎない。あるいは、哀悼劇の言語とはこのような叫びの、沈黙から音楽へといたる変容の全行程のことである。いずれにせよ、それは対話とは関係がない（ここからわかることは、ベンヤミンを同じ「フランクフルト学派」ということでハーバーマスの対話的合理性から理解しようという試みが――そんなことを企てる人がいるとしての話だが――いかに見当外れであるかということである）。哀悼劇においては自然が、事物が嘆き哀しむのであり、人間もまた、一つの事物として嘆き哀しむ。哀悼劇においては小道具が重要な役割を果たす。悲劇のように対話によって事態が進行したり、明らかになったりするのではない。しばしば、そのもともとの所有者から引き離され、断片となったような小さな事物が登場人物たちの運命を翻弄するのである（私たちのよく知っている例では、『オセロー』のハンカチを考えればいいのかもしれない）。それは、人間もそのような事物の一つにほかならないからである。

このような沈黙する自然を扱うのは、私たちのこの世紀にあっては、ブレヒトの叙事詩的演劇と（もちろん、私たちはさらにいくつかの名前を付け加えることができる、アルトー、ベケット、あるいは、ハイナー・ミュラー）、それに映画である。ブレヒトを論じた文章で、ベンヤミンは「引用可能性 Zitierbarkeit」についての議論を展開している。遺稿の「歴史の概念について」の第三テーゼで、「解放されてはじめて人類は歴史上のどの時点も引用可能とすることができる」という、あの「引用可能性」である。たとえば、サミュエル・ウェーバーは、この zitierbar が quotable と英訳されていることの問題性を論じている（『マス・メディアウラ』）。それは、英語の quotable には、ドイツ語の zitierbar がもつ「再演」のニュアンスが抜け落ちてしまうということである。だから、ウェーバーは、それは citable と訳さなければならないのだという（recital という語の cit- の語感を思い出せばいいのだろうか）。日本語ではどう訳せばよいのか妙案があるわけではないのだが、しかし、この言葉が用いられていた場面＝舞台 scene を無視してしまってはならないだろう。そのシーンとは、「ブレヒト」――ベンヤミンはショーレムからもアドルノからも「あんな不良とは付き合うな」という類の忠告を受けていた――なのである。三〇年代のベンヤミンの仕事の中心にはブレヒトがいた。初期のベンヤミンにとってのバロック演劇（哀悼劇）と同じ位置を、晩年の彼にとっては叙事詩的演劇が占めている。

ベンヤミンは叙事詩的演劇に関して、「引用可能な態度 Haltung」とか、「引用可能な身振り Gestus」を語る。身振りとは、そもそも演技の中断によって生まれるものだ。この中断、停止、それは、態度にも当てはまる。というよりも、「態度」とさしあたり訳した――既訳をそのまま採用した――言葉は、「姿勢」あるいは「ポーズ」とも訳せるものだ。英語の halt に端的に表わされているように、それは「そのまま保つこと」「停止」を意味しうる。Haltung として理解されるものは、それでは何の停止なのだろうか。ベンヤミンはいう、ブレヒトの作業において賭けられているものは私たちの貧しさなのであると。産業化、機械化の時代における私たちの貧しさである。ちょうど、チャップリンが、映画という新しいテクノロジーにして芸術ジャンルであるようなものにおいて、ルンペンプロレタリアートの姿を一種の自動機械として――人間ならざるものとして――形象化しているように、この世界で私たちの取り分として遺されたものはごくわずかである（サイズの合わないドタ靴が一足とか、やせ細った犬が一匹とか）。

そのわずかな持ち分が、生産力の発展によって、日々削り取られていく。自動機械とは、私たちの存在のもっともやせ細った姿、ただそこにある Dasein としかいえないような貧しさなのである。一切の財産 property, Eigentum も本質 essence, Wesen も奪われた、ただそこにあるだけの存在。だが、それは、それとして外に曝されているわけではない。自動機械の外面性――内面性のなさ――は、同一化のメカニズムによって内面へと取り戻されてしまっている。中断とは、そのような内面への取り戻しの停止である。私たちは、サイズの合わない靴を履いてよろけることで、あるいは、飢えた一匹の犬に付き纏われることで、生産力の発展のリズムが中断され、そこから逸脱し、進歩の過程から振るい落とされる。それまでは、さまざまな主体の意図ないし志向性の絡まりあい――対話――であるかに見えていた「社会」が、実のところ機能的な分業の連関、事物と事物との関係にほかならなかったことが顕わになる。私たちも一つの事物にすぎない。社会が砕け散り、剝き出しの事物の連関が出現するとき、そこで裸のまま外へと曝される存在が、私たちのダーザイン、自動機械であり、朽ちゆく存在である。

私たちは自分は豊かであると思っていた。なぜなら、私たちは主体であり、内面性をもっているのだから。最低限の何がしかのモノ、すなわち、内面をもっているのだから。ハーバーマスやギデンズにとって、近代化とは、主体がこのような豊かさを獲得していく過程として理解される。つまり、反省能力 reflexivity の高次化である。内面とは何だろうか。それは「自分は誰であるか」を規定する属性を自分自身の管轄下に置くことである。自分自身を規定する属性は、まずもって外に、他者に曝されている。砂糖が甘く、白いことは、砂糖自身にとってあるのではないように。いや、そもそも「砂糖自身」などというものが砂糖それ自身にとって存在するのかどうかも怪しい。砂糖自身などというものは、その甘さや白さと同様に、それ自身とは別の場所にしか存在しない。この「別の場所」、さまざまな事物の側からすれば「そこ」でしかない存在、それがハイデガーのいう「ダーザイン＝そこ存在」であり、それが指し示すものは「人間」でしかない。

ハイデガーにとってダーザインは、特権的な反省の主体である。あるいは反省そのものである。なぜなら、ダーザインとしての人間だけが、自らの「自身」を把握するのだから。ダーザインが、それ自身が自らの「それ自身」を理解している唯一の存在だからだ。もちろん、ハイデガーは解釈学的循環を問題にし、いわゆる反省哲学——自我による自己の直接的把握に基礎を置く哲学——と一線を画してはいる。ハイデガーのいうダーザインは事実的生として、すでに、そこに投げ出されている。そこからしか私たちは出発できない、それは確かだ。しかし、そのような投げ出されてあること、それをハイデガーは取り戻そうとする。つまり、始まりと終わりを自らの権能の下に置こうとする。ハイデガーのダーザインが、自らの「それ自身」へと立ち返るのは、自ら何か新しいことを始められるからであり、そして、何かを始められるのは、ダーザインがその固有の可能性として死にうることをもっているからである。いいかえるならば、何らかの可能性を自らのものとして再認しうるからである。逆にいえば、可能性というものが誰かのものになる、誰かの所有物になるのが、死を固有の可能性――私の死――として捉えるところから可能になるのである。だが、それはあまりにも悲劇的ではないか。

私たちは自ら始めることはできず、いつでも途中から、すでに始まっているところから始めるしかない。この私たちの貧しさ、始める場所を自分では選べない、決められないという、人間だけでなくさまざまな事物にも分かちもたれている貧しさから始めることしかできないのではないか。つまり、ハイデガーのではなく、私たちのいうダーザインから。剝き出しになっているということから。あるいは、自動機械であるということから。朽ちゆくことによる個体化、この自然史的過程は、言語と死とによって構成される悲劇的な共同主観性とは別の共同性の原理を提示している。言語のルールを共有していることによって基礎づけられる共同性は、その中で誰が語りはじめるか、その始まりと終わりの問題にいつも付き纏われている。対話が可能になるのは、誰かが話しているときには誰かが黙っているかぎりにおいてである。いいかえるならば、ある時間を誰かが占有するかぎりにおいてなのである。このような時間の占有、ある時間は誰かに属し、かつその人にしか属さないという排他的な占有が対話を可能にする。それはちょうど死が固有の可能性と捉えられ、その人にしか属さない死が考えられるのに重なっている。だが、叫びや呟きは、そのようにして自分の順番を待ってはいない。全自然が、この次の瞬間にもいっせいに叫び声を挙げるかもしれない。

非悲劇的なもの——哀悼劇であれ、叙事詩的演劇であれ——は、このような事物の叫びから出発する。事物が叫びをあげるのはそれが剝き出しにされ、曝されているからである。それは、空間へと曝されているだけではない。時間にも曝されているのである。この、時間への暴露こそが朽ちることにほかならない。それは時間への失墜なのだろうか。だが、朽ちることとは時間性そのものであり、そして、朽ちること以前にはダーザインは存在しない。何か非時間的な、「それ自体」が、時間性を帯びるのではない。それは、時間が始まる前であり、また、時間が終わった後であるような——あるいは、時間以前から時間以後への移行の出来事であるような——悲劇の神話的時間とは違うのだ。神話的時間においては、実のところ、生それ自身が時間から救われる。神話的英雄の死後の存在は不死であり、朽ちることはない。だが、ベンヤミンもいうように、死者もまた安全ではない。歴史上の数多くの死者たちは悲劇的な英雄ではないのである。死者も朽ちゆくことを免れえない。ここにおいて、死ぬことと朽ちることとの決定的な違いが明らかになるであろう。あるいは、死にうることと朽ちることとの相容れなさが。死者はもはや死にえないが、それでもなお朽ちる存在なのである。

近代社会に出現した「国民」というのは、悲劇的な統一体である。それは神話的な時間によって、個体の死を超えてそれ自身と和解するのである。フーコーが明らかにしたように死にうる個体——死をそれ自身の固有の可能性として内属させているような個体——は近代社会の発明品であり、そして、ヘーゲルの議論が示しているように、死にうる個体の存在は、個体の死の宛先としての国民国家なしになりたつのかどうかは疑問である。死を通じて私たちは国民国家という共同体とコミュニケートしてしまうのである。国民ないし国民国家は、近代においては、同時に生産力の単位でもある。国民的な生産力を可能にするものがブローデルのいう世界＝経済（世界としての経済）であり、ウォーラーステインのいう世界システム、つまりは、帝国主義であることを忘れないかぎりで、「生産力の単位」を語ることは許されよう。「未完のプロジェクトとしての近代」とは、このような観点からするならば、たかだか国民的生産力のレヴェルでの反省能力の高次化、複雑化であり、その実体は、対話的——言語と死の——共同体である「国民」のあいだの合意に基づく生産力のコントロールにすぎない。あるいは、そのような対話的な合理性は「国民」と「非国民」とのあいだの境界を確定する自己言及性にすぎない。

「国民」たちが発言の機会を求めて順番待ちをしているあいだにも、「国民」ならざる者たちは、「国民」のしないような仕事を押し付けられ、ぶつぶつ呟いている。「国民」たちが互いに「自分は誰であるか」について議論をし、自分自身を規定しようと、いいかえるならば、自分の属性を自分のものにしようとしているあいだにも、「国民」ならざる者は世界的規模で発展する生産力に組み込まれたままである。対話的共同体としての「国民」は、その反省能力によって自らを事物から区別しようとする。自らを生産力とは別の審級として措定する。しかし、個々の「国民」が、不朽の存在として——死後の名声のような——自らを措定しうるのは、もちろん自分の死後の「国民」の存続にかかっている。私の死後も私のことを記憶してくれる「国民」の存在に。だが、「国民」の存在とは何か。それは、生産力が、それ自身の「自体」を出現させるための折り返しにほかならない。生産力の単位＝統一体を考えることができるのは、それが自分自身へと反照するメカニズムとしての「国民」があるからである。つまり、ある生産力を自分自身（のもの）として享受する何らかの存在があるかぎりで、世界＝経済から、帝国主義＝世界システムから切り出された「生産力の単位」を語ることができるのである。

だが、生産力とは、朽ちゆくことの加速化であるとするなら、そして、朽ちゆくことこそが時間性であるとするなら、生産力と時間性とはどう関係するのであろうか。相変わらず私たちは、生産力の発展の「歴史」しかもっていないのではないだろうか。私たちからするなら、「国民」とは、朽ちゆくことの加速化の想像的な否認の場であり、そのようなものとして「歴史」の場なのである。ちょうど、グノーシス主義的な時間概念が、ローマ帝国の「歴史」に対する否定であったように、バロック演劇の、シェークスピアの、そして叙事詩的演劇や残酷劇の時間性は、近代国民国家の歴史性に対する否定である。そして、マルクスが生産様式の概念によって作りだそうとした「歴史の科学」は、まさに「国民の語り」としての「歴史」に対する、朽ちゆく時間性の側からの応答として、ヘルダーリンやボードレール、それに、マラルメといった人々の作業とともに、理解しなければならないものなのである。

［一九九八年六月］

不気味なもの——魂の内戦のために

アーレントは、その『人間の条件』——ドイツ語版タイトル『活動的生 Vita Activa』——では人間の活動 activity として労働 labor、仕事 work、行為 action の三つを採り上げた。それに対して『精神の生』では、精神活動 mental activity として思考 thinking、意志 willing、それに判断力 judging を採り上げる——もっとも彼女の死によって判断力の部分は未完に終わったけれども。アーレントは、『精神の生』への序文で、自分がこのような精神活動に関心をもったのはアイヒマン裁判を傍聴して、そこに悪の月並みさを見出したからだと述べている。彼女によれば、これまで悪は何がしかデモーニッシュなものとして理解されてきた。魔が差したのである。怒りであれ欲望であれ、何かが人間に悪を為さしめた。そのように理解されてきた。ところがアイヒマンにはそれがなかった。彼は日常の業務として悪を行う。そこにあるのは愚かさではないとアーレントはいう。そうではなくて、それは思考の欠如、無思考 thoughtlessness なのである。

アーレントが思考というとき問題にしているのは、ある表象が真か偽かということではない。表象の真偽、つまり、表象とその対象の一致ということは、彼女にいわせれば知性の問題であって思考のそれではない。アーレントはカントの理性 reason, Vernunft と知性 intellect, Verstand の区別を高く評価する。知性は真偽を問題にするが、理性は意味を問うというのである。アーレントによれば、この区別はカント以前には存在せず、また、カント以後も無視されてしまったものであるという。思考が活動であるというのは、まず何よりも、この知性との区別による。知性は、事物の表象を問題とするかぎりで、その対象に拘束されている。だが、思考はその対象に縛られない。思考は現実の総体と、たとえば反実仮想というかたちで対峙しうる。知性は存在を受け入れる。それに対して思考は存在の意味を問うのである。

しかし、とりあえず私がしたいのは、アーレントのいう「思考」を、ハイデガーなどと比較しながら哲学史の中に位置づけることではなくて、むしろ、フロイトとの対質である。私がここで採り上げたいのは、「不気味なもの Das Unheimliche」である。

このテクストはフロイトの著作の中でももっとも多く論じられたものの一つであるだろうが、フロイトの書いたもののつねとして——少なくとも私には——何が書いてあるのかさっぱりわからない。フロイトのテクストはそれ自体夢のようなもので、読んでいるときにはつながっているように思えるのだけれど、後から振り返ってみると部分部分の論理の接続がよくわからなくなってしまうのである。この「不気味なもの」でも、第一部でさんざんいろいろな辞書を引きながら隠されなければならないものとその暴露というあたりに「不気味なもの」の問題を集約させるのだが、その実、そこではフロイト自身は heimlich なものと unheimlich なものとの同一性に簡単に注意を促すところで終わり、第二部では一転して、ホフマンの『砂男』を素材に目——視力、眼球——のテーマ系を分析しはじめる。まるで第一部の議論などわすれてしまったかのようだ。そしてやがて幼児的な思考の全能性へと議論はシフトしていく。たしかに全体をある雰囲気というか感情というか、そういうものが貫いているのだが、しかし、論理的な一貫性はそれとして一目見てわかるようには示されてはいない。フロイトの思考自体がさまざまな抑圧を被っているかのように論述は進んでいく。隠されているものと顕わなものという、一見内／外という空間的な差異として容易に表象しうるものを、フロイトは別なかたちで、反復という時間的な差異として展開するのである。何らかの意味で同じものが繰り返されることと、不気味であることとは関係があるというのである。ただし、それが現実であるか非現実であるかの確信が容易にもてるのであれば、それは不気味さにはあまり結びつかない。生きているのか死んでいるのかがよくわからないものこそが不気味なのである。

フロイトはこの論文の中で、ある人々にとっては生きながらにして埋葬されること（早すぎる埋葬）がもっとも不気味なイメージであると指摘している。ここで私たちはアーレントと交差する。なぜなら、アーレントは思考についてこう述べているからである。彼女によれば思考とは生きながらの死 living death なのである。それは、思考するという活動は現われの世界からの引きこもりを必要とするからであるが、それればかりではない。哲学においては伝統的に、思考は死の克服として理解されてきた。思考すること、それは死すべきものである人間が不死性を獲得する手段なのだった。死でありながら死の克服であるような何かとして思考 thinking, nous は理解されてきたのである。

ところで、フロイトによれば不気味なものの一つの典型は分身である。つまり、その本体の意志を超え、あるときにはその本体が死んだ後にも生き残り、勝手に動き出す独自の意志をもった存在である。そして、彼がそのような分身の原初的な姿として挙げるのは、身体の写しとしての魂であり、自我である。より正確にいうなら、自我の中でもとくに、後に超自我と呼ばれる部分がそうである。自我は心的装置の中に取り込まれた身体、身体の分身であるが、超自我は自我が自分を一つの理想として眺めるのを断念した後に、その理想を生き延びさせたもの、その意味で自我の分身なのである。

超自我が分身として生き延びることができるのは、それが理想化されるからである。しかし、理想化されうるのはそれが殺されたからであるだろう。ただ死んだのではなく、殺されたものは、甦る。そして、もはや死ぬことはできない。なぜなら、そこに罪悪感が働くからである。事物を消滅から守るのは、事物を破壊してしまったという罪悪感なのである。生命は事物を消耗させ、破壊し、貪り食う。そのような生命に歯止めをかけるのは罪悪感である。罪悪感によって、生命はすべてを自らに同化するのを差し控えるのだ。超自我はそのようにして自我に食い殺された存在の甦りである。食い殺し、消化吸収した後の残り滓、同化しえぬ部分であるがゆえに、自我の中の他者なのである。私の中の不死なる部分。魂のもっとも高貴な部分。それは従来、知性 nous, intellectus の名で呼ばれてきた存在である。

アーレントはカントの区別を受け入れて知性 Verstand——intellectus のドイツ語訳、英語なら understanding——よりも理性 Vernunft——比量的知性 ratio のドイツ語訳、英語で reason——を上に置くが、伝統的には、言語によっていい表わせる比を扱う——比量的 discursive——理性よりも、非言語的な知性の方が上位にあるものとされていた。それが、デカルトによって魂の諸部分の区別が無視され、すべてが思考能力 cogito のもとに包摂されてしまった。カントは再び人間の魂にさまざまな部分を区分けしたのだが、その際、最高の能力が理性であるとされたのである。だが、私たちは、ここであえて、アーレントのいう思考を知性と同一視しよう。つまり魂の不死なる部分と。そうすると次に考えなければならないのは、今日、誤って「ラテン・アヴェロエス派論駁」と私たちが呼び習わしているあのトマスの論考が問題としたことであるだろう。それは、死後も存続する魂の部分はただ一つであるのか、それとも、複数であるのかということである。

私たちはここで何を問題にしているのだろうか。それは、現われの世界から引きこもった先がどのような場所であるのかを考えようというのである。思考ないし知性は感覚と現象の世界に一種の戦いを仕掛ける。私たちは自分の意志で心臓を止められないように、自分の意志によっては感覚することをやめられない。何かを感じてしまうのである。私たちは身体的存在、いいかえるならば、死すべきものであるかぎりでこのような現象の世界に全面的に譲り渡され、その中に浸りきって生きている。そのような現象の世界に対して思考は闘争を、あるいは、戦争をするのである。思考は生きるために必要な活動を停止させることを求める。思考は身体に対して日常の活動にしたがうことを禁止しようとする。アーレントが要求するのは、このような思考は一部の人間の特権であってはならないということである。グラムシが、すべての人間が知識人であると語ったのにも似て、アーレントは職業的思想家——考えることを職業とする人、学校の哲学者——の存在を否定する。思考は万人が担うべき活動である。それを職業とする人などいてはいけないのである。アーレントはスコレー、すなわち自由時間の意味を、けっして、もてあました暇な時間などと受け取ってはいけないという。それは日常の活動を差し控えるという積極的な行為なのである。

それは日常の時間の切断である。つまり、思考とは一種の戦争機械であり、哲学とは魂を内戦状態にすることなのである。すべての魂に内戦をもたらすこと、それが哲学の使命にほかならない。思考し、命令する者と、命令にしたがい働く者との分業――社会的なもの the social は何よりもそのような分業によって成立している――の廃棄こそが哲学の求めるものである。カントは各人が自分で思考することを求め、それを啓蒙のモットーとした。デカルトは、良識こそはこの世でもっとも平等に分配されているものであると主張した。哲学は、つねに、思考の専門職業化への抵抗なのである。どれほど貧しい者であっても、自分で考えることはできる。思考することができる。そのために必要なことはただ一つ、日常生活――分業の体系の再生産――の中断だけなのだから。

思考は個人の内部に複数形を導き入れる。戦争機械と国家とが相容れないという議論を信ずるとするなら、思考する魂は国家とは似ても似つかないはずである。ソクラテスが――そのエロティシズムによって――国家に混乱をもたらすように、哲学は魂を混乱させる。あくまで哲学に批判的なアーレントは、理論 theory の語源にあたるギリシャ語の theoria がそもそもは演劇の観客であったことを私たちに想起させる。つまり、思考がけっして孤独な営みではなく、人々が他者とともに行為を判断するためのものであるということを。だが、思考のラディカルさは、どこにあるのだろうか。それは、そのような一種の共同主観性へと開かれているところにこそ見出せるのだろうか。それともむしろ、個人の魂の底を掘り進むようにしてどこかに通じることのうちにあるのだろうか。

私たちが知性の単一性の議論にこだわるのは、この問題に関してなのである。思考のような精神の活動はそれ自体は不可視である。したがってそれが可視化され、公共化されるには、言語の力を借りなければならない。アーレントが観客としてのテオーリアに見出すのはこのような言語化の能力である。しかし、思考とは生きながらの死であるとするなら、アーレントが思考と言語とのあいだに見出す緊密な結びつきを考え直すべきではないだろうか。アーレントがカントの理性と知性との区別を受け入れたのは、カントが言語と直観とを区別していたからである。つまり、真理の基準を表象に置き、知性とモノとの一致に見出すのではなく、むしろ、対象を欠いた認識の空虚な形式を論じたところに、認識能力ではない思考の問題を見出したのである。「それは何であるか」を論じるのではなく、「それは何であるか」を論じる手続きについて論じるのである。このような直観からは独立した次元が思考能力として理解されるので、言語こそが思考という活動の場であるとされる。いいかえるならば、言語に先だって思考という活動があり、その後にそれが言語化されるというのではなく、言語なしには思考もありえないということなのである。それはアリストテレスの「思考についての思考」であると彼女はいう。精神の生とは思考を思考するところにあるのである。精神が生きているとは、単に何かが考えられる——これは犬である、お腹がすいた、私はいま歩いている、等々——というだけでは足りない。私はいま何々と考えていると考えている。これが精神の生である。息をしていることが身体的な生であるように思考していること、それが精神の生であると彼女はいう。それは自己完結した現実態なのである。彼女は言語の自己言及性に魂の自己触発を重ねて見ているのだ。だが、繰り返そう、思考が生きながらの死であるとするなら、言語もまた、当然のことながら、リヴィング・デッドにほかならない。生でしかない生——ゾーエー——から人間の生——ビオス——を区別しようという『人間の条件』以来のアーレントの試みが、身体的生との比較に見られるように、肝腎なところで解体し、精神の生がただの生へと崩れ落ちる。

リヴィング・デッドの不気味さがアーレントの公共領域をめぐる議論から抜け落ちてしまうのは、このためである。たしかに、『精神の生』では『人間の条件』とは違って、可視的なものと不可視なものとの区別は、公共領域と私的領域の差異、空間的でもあれば、かなり実体的――私有財産――な差異としては表象されてはいない。公共領域へと到来する何ものかがそこからやってくる「そこ」が、人が生まれる場としての「家」としては把握されていない。フロイトの「不気味なもの」と同じように、隠されているもの――「家的」heimlichなもの――は、顕わなもの――不気味な＝非家的なun-heimlichなもの――から遡って見出される。精神の生とは、それが身体的生の一種の否定であるとするなら、フロイトが魂についてそう語ったように、そもそもが分身であり、自らの死を誤認しているような存在であるだろう。それはちょうど「お父さん、ぼくが燃えているのが見えないの？」と語りかける少年のようなものだ。自分が死者であることに、本当のところでは気づいていない存在。生き延びるというのは、自分が死んでしまったことに気づかないこと、自分が死者であることをつい忘れてしまうことである。そして、魂とはつねに何がしか、身体よりも生き延びてしまった存在なのだ。私たちが身体と魂とを区別できるのは、この生き残り、つまり、魂と身体とのずれ、魂の側の身体に対する遅れによる。魂とは自らの墓の前に立ち尽くす亡霊であり、身体の反復なのである。魂は自らの墓＝身体を前にして呟くのだ。「私はかつてここにいたことがある……」

哲学は、このような魂に内戦をもたらすのである。カントもいうように、一切の思考は直観なしに、感覚抜きにはありえないが、しかし、思考はそれらの直観を否認することによって成り立つ。身体と魂の関係が魂の内部で反復されるわけだが、魂が身体に対する生き残りであるように、思考は魂に対する生き残りであるといえるだろう。もしも、思考と言語との結びつきを認めるとするなら、言語とは魂の死後の生なのである。だが、いうまでもなく、私たちは死後の生しか知らない。なぜなら、身体は、それだけとってみれば死体と何ら変わるところはないからである。私たちは生きているものと生きていないものとを予め区別することはできず、ただ、事後的にしか理解できない。ホフマンの『砂男』でいえば、私たちはクララとオリンピアのどちらが生きているのかを予め知ることはない。それは物語が終わり、オリンピアが壊れた後になってはじめて知るのである。あるいは、物語の中で語られるように、恋人たちは自分の恋人が生きているのかどうかを——相手に歌を歌わせたり、ピアノを弾かせたりしても——予め知ることはできない。私たちが知るのは、死んだものだけがかつて生きていたということに過ぎない。『アンドロイドは電気羊の夢を見るか』でアンドロイドか人間かを知るには、破壊した後でその体液を調べてみなければならないように、いま活動しているものが生きているのかどうかは私たちにはわからない。私たちが理解できるのはしたがって死後の生だけなのである。魂から、亡霊から、思考から、回顧的に生について知るのである。私たちは、ハムレットが父を名乗る亡霊から父の死の真相について——つまり、父の生について——聞かされるようにしか生について知りえない。

そして、精神の生とはこのような亡霊的な生、死後の生のことにほかならない。フロイトは、早まった埋葬の幻想を子宮内の生、生まれる前の生と関係づけている。生きながらに埋められている墓場とは子宮のことなのである。かつて自分がそこにいたことがある、馴染みの場所、だが、二度目にそこを訪れたなら、それは不気味なものとなる。生まれることと死ぬこととの——少なくとも無意識における――この近しさは、生まれること自体が一種の生き残りであるということを示している。誕生の時点よりも先に生き永らえてしまうこと――生まれること――と、埋葬されるよりも後まで生き延びてしまうこととは、無意識においては同じことなのである。

この死後の生、生き残りという観点から公共領域について考えてみなければならない。アーレントは、カントの提唱する理性の公共的使用に賛同しているように思われるのだが、しかし、カントにおいて人間の共同性が重視されるのは、少なくとも三批判書にかぎっていえば、とりわけ『判断力批判』においてであり、そこでは共通感覚が問題とされる。つまり、判断力に関しては判断の伝達可能性を切り離して考えることはできないのである。これは思考が言語と切り離しえないというのとは少し違う事態である。たしかに、思考に関してもアーレントは、カントからその普遍的形式の問題を引き継いでいる。普遍性は、現実には共有ないし分有に関わることであり、伝達されうるものであるにしても、必ずしも伝達の可能性そのものとして主題化されてはいない。それに対して判断は伝達の可能性そのものとの関係で問題にされる。というのも、「この花は美しい」とか「この行為は正しい」というような判断は、そもそも他者とのあいだで議論されてはじめて意味をもつのであって、一人でそう思っているだけでは判断にはならないからである。思考は口に出さなくても思考でありうるが、判断はそうはいかないのである。思考においては一人――考えている当人――が納得すれば、それは原理的に万人を納得させたことになるが、判断はそうではない。判断においてはひとりひとり納得させせなければならない。

だがアーレントは伝達可能性をどこまで考えているのだろうか。ベンヤミンが純粋言語に関して

「伝達可能性の伝達」と呼んだような場面を彼女は想定しているのだろうか。これはカントでいうならば美と崇高の違いに相当する。美的判断においては、心的諸能力は調和し、あたかも諸能力のあいだでの伝達が成り立っているかのように見える。感性と知性（悟性）は調和し、これらの異質な能力のあいだがあたかも滑らかにつながっているかのように図式作用が働く。構想力（想像力）は感性的所与を難なく知性に提示できるように思われる。ここではまるで思考の、つまり、理性の出番などないかのようだ。そして、人間たちはそれらの心的能力の調和を、あたかも普遍的な形式でもあるかのように共有していると思い込む。そして、この普遍的な形式の共有が人間たちのあいだの伝達の可能性を保証しているのだと私たちは考えてしまう。

だが、崇高においてはことは違ってくる。崇高な経験では、心的諸能力は互いに調和しない。感性と知性が互いに釣り合わないのだ。その両者を媒介するはずの構想力は、何ごとかをでっち上げる。本当は何も伝達されていないのに、あたかも何かがすでに伝達されたかのように構想力は知性と感性に対して何か有り合わせのものを提示するのである。ここでは思考が活躍する。その活動が目に見えるものとなる。ルールのないところにルールを設定し、法のないところに法を宣言するのである。AとBという全く別のもの同士のあいだに等価関係を設定し、まるで、そこに伝達があったかのように装うのだ。それが理想の形成である。理性という表象不可能なものに対して構想力が表象をでっち上げる（思考が成り立つ上で不可避な）過程である。つまり、思考と想像力が協力して、伝達可能性の伝達が行われるのである。あるいは、ハイデガーがいわゆる『カント書』で論じたように、構想力と思考とは実は同一のもの、思考＝理性とは反復され、生き延びた構想力なのだと、ここにもまた、死後の生の問題が顔を覗かせると理解したほうがいいのかもしれない。思考が魂の死後の生であるということの意味の一つはここにある。

死後の生、死者の生(超自我、思考)は、理想化された(もはや死ぬことのない)生である。精神分析が語るこの理想化は、まさに、カントにおける理想の形成の意味で理解されなければならない。そうだとするならば、崇高の経験における構想力の働きから、むしろ、死後の生存ということを考えなければならないのかもしれない。生き残ること、繰り返されること、それと想像力との根本的な関わりについて考えなければならない。いわば、感性を知性に対して提示するという働きそのものにしてからが、「不気味なもの」の「隠されるべきものが顕わにされていること」――この定義自体シェリングの『神話の哲学』から採られている――の根本に働いている作用として理解されなければならないのだろう。伝達可能性の伝達と生き延びてしまうこととが一つであるようなものとして想像力の論理を組み立てなければならないのだ。

ここで、私たちがイブン・ルシドの知性の単一性のテーゼにこだわるとしたら、それは、まさに魂さえもが消滅した後に生き残るものとしての知性――思考――についての理論だからである。トマスのように魂の死後の生存を認めるのでは不十分である。むしろ、身体よりも生き延びるはずの魂さえもが生き残れない状況で、それでもなお生き延びるものとしての思考、つまり、伝達可能性の伝達についての思考することこそが、不気味なものとしての公共領域を構想することになるのである。

[一九九八年八月]

名の間違いについて――哲学者と詩人の生

日常生活とは別の生を始めること、古代において哲学とは何よりもこれを意味していた。それはたしかに生き方の問題ではあるが、しかし、その生き方は非人間的なものでもある。なぜなら、哲学が人間に求めるものは「思い上がりhybris」であり、端的にいって神に等しくなることであるからだ。認識を通じて神に等しいものとなり、満ち足りた生を送ること、これこそが哲学者の生であり、もっとも幸福な生である（そしておそらくは詩人の生も、また、何がしか非人間的なものであるだろう）。

そのような生は当然のことながら、社会と対立する。なぜなら、それは一人で、自分だけで満たされた生であって、他の人間たちとの交換関係を必要とはしないからである。もちろん、哲学者とて、生きていくためには他の人々と交わらなければならず、そこには何らかの交換も、また、支配関係もあるだろう。だが、哲学者の生とは、人々の直中にあっても、そこからの一種の超越としてある。

それは一種のエクスターズであり――これは詩人と哲学者が共有するものだ――、ソクラテスがダイモーンの声に心奪われて時折茫然と立ち尽くすように、人々の直中で、一つの魂をそこから引き離す。だからこそ、エロスこそが、認識と切り離すことができないのだ。なぜならエロスとは、他者との関わりの中でその他者を無化し、自己を生み出すことであるからだ。エロスは共同主観性ではなく、むしろ、その否定であることを忘れてはならない。エロスはまず何よりも合体への欲望であって、他者となることを通じて他者を廃棄するのである。自己とは、あるいは、魂とは、そのようなかたちでの他者の廃棄によって生み出される。つまり、それは（フロイトのいうように）同一化の痕跡なのである。

だがもちろん、人間的な生活、つまり、文化（フロイトのいうKultur）と呼ばれるものは、他者を廃棄してしまったことへの罪の意識によって形成される。もうこれ以上他者を貪り食わぬこと、この禁止によって文化は可能になる。この文脈で、プラトンが『国家』においてソクラテスに語らせている、理想の共同体からの詩人の追放は重要な意味をもつ。なぜ、理想の共同体では詩は禁止されなければならないのか。それは、詩がミメーシスの、いいかえるならば、同一化の過剰をもたらすからである。『国家』においてソクラテスが非難するのは、詩人が自分の名の下に語らず別人の名を名乗り、その振りをすることである。ソクラテスは模倣一般を否定しはしない。子供たちの教育にあたっては模倣が重要な役割を果たす。しかし、模倣（ミメーシス）の役割はそこまでである。理想の共同体では人々は正しい名で呼ばれなければならない。職人が自らを英雄と名乗ったり、あるいは、奴隷が王を名乗ったりしてはならないのだ。だが、詩人は、まさに、間違った名を名乗り、人々を間違った名で呼ぶ。ここにおいてソクラテスが禁じるのは、このような過剰な同一化である。それぞれの「私」に許されているのは、その正しい名を名乗ることのみなのである。そのような理想の人間的共同体においては、ただ君主だけが哲学者であるだろう。

ここからわかることは詩人は文化の敵であり、そして、哲学者は共同体を作らない、少なくともそれは、人間が形成する共同体の理想とは関係がないということである。だが、現実の人間たちの共同体は、必ずしもこのような理想的なものではない。つまり、現実の人間たちは、必ずしも正しい名で互いを呼び合っているわけではない。

だが、そもそも「正しい名」とは何なのだろうか。「私」の正しい名は何というのだろうか。たとえば「私は存在する」というような文があったとき、その「私」の正しい名は、「ルネ・デカルト」とか「エドムント・フッサール」というようなものなのだろうか。それとも、ヘーゲルが感覚的確信をめぐる議論で述べているように、一見個別的に見えるこの「私」こそ、もっとも一般的な名前なのだろうか。「私は私である」と私がいうとき、私が思い浮かべているのは、「この私は他の誰でもない、この私にほかならない」ということであるだろう。そこにあるのは一切の他者性の否定である。しかし、それがいっていることは、誰でもが繰り返せる空虚な真理、空虚な形式にすぎない。他者の全面的な否定がそのまま他者の全面的な肯定になってしまう。それがいわんとしていること meaning, meinen, vouloir-dire といっていること saying, sagen ないし現にしていること performance との差異がそこにある。言語 language とは、このようないわんとしていること＝意味 meaning といっていること saying, utterance の差異の生産にほかならない。ここで「意味」といっているものが「本当の名」（今日の用語でいえば「アイデンティティ」）であるとするなら、それは言語によって名指すしかないにもかかわらず、言語という働きそのものによってつねに転位させられてしまうものであるといえる。また、パフォーマンスとアイデンティティとをめぐる現代の議論は、このような言語の働きを取り扱うものである。

意味は、このように考えるなら、つねに思念＝私念 meinen でしかないが、そこでの私性 mein は先ほど触れたエロティックな同一化（ミメーシス）の効果といえる。「私」とは、プラトンの『饗宴』で述べられている知への道と同じように多情 promiscuous なものなのである。意味を理解する、解釈するということは、このように、他者への同一化＝アイデンティティ形成であり、コミュニケーションとは、その都度、何がしか他者（の意図）に同一化していく、エロティックな遍歴にほかならない。コミュニケーションのその度毎に、「私」はその名を変えていく。このような「名」の遍歴、それは一種の生まれ変わりといってもいいものだが、まさにそのようなものが哲学者の生であり、哲学者たちがもしも共同体を作るなら、それは生まれ変わりを通じてかたちづくられる共同性であるだろう。そして、個々の私念ないし理解の世界を悟性 Verstand, understanding 的と呼ぶとするなら、このような生まれ変わりの過程、いいかえるならば、私念が私念としてそこにおいて語られる場こそが理性 Vernunft と呼ばれるのだろう。

私たち現実の人間は、理想の人間的共同体——それは完璧な分業のシステムである——からするならば余計なものを一つもっているのである。それはいうまでもなく、言語である。私たちが物事や人々を正しい名——社会的分業のシステムにおけるそのポジション——で呼ぶことに対して最大の障害となっているものは言語そのものなのだ。私たちが互いに正しい名で呼び合えず、自ら正しい名を名乗れないとするなら、それは言語があるからである（言語は社会的分業にとって最大の障害である）。そのために、現実の人間は皆幾許かは詩人であり、哲学者なのだ。

しかし、理想の人間的共同体、完全な社会を目指す人々は、言語を廃棄しようとするだろう。なぜなら、そこではすべてが正しい名で呼ばれなければならないからだ。ある人々の欲求も、苦しみも、正しい名で呼ばれなければならない。だが、言語のせいで人々は別のことをいってしまうのである。自分の空腹や自分の苦痛について語ろうとしながら、それとは別のこと、それ以外のことを語ってしまう。個人が自分のポジション以外のことを語るのである。社会的分業の秩序を守ろうとする見張り番たちは、そのときこう問い返す、あなたはどうして自分以外のポジションの人々を代弁する権利を手に入れたのか、と。あなたの苦痛はあなただけのものでしかないのに、どうして、あなたは他者の苦痛を代理＝表象できるのか、と。あなたはあなたの苦痛を正しい名で呼んでいない。あなたはあなたの苦痛を間違った名で呼んでいる。

だが、言語が存在する以上、ひとは自らの苦痛であれ、それを間違った名で呼ぶしかない。ナチス・ドイツの下でユダヤ人の被った苦しみはユダヤ人だけのもので、それをパレスチナ人の苦しみと関係づけるのは間違った名で呼ぶことかもしれない。しかしそうだとすれば、ガス室で死んだ個々人の苦しみはその人だけのものであって、それを「ショアー」と呼ぶことも間違った名であることになる。ある意味ではそうである。だが、間違った名だからそう呼ばないとするなら、やはり「ショアー」はなかったということになってしまうだろう。個人の思念＝私念だけが正しい名で、ほかは間違った名だから使わないというわけにはいかない。それは一種の現象主義、あるいはポール・ド・マンの言葉を借りるなら美学主義＝感性主義 aestheticism である。なぜなら、そのとき個人の思念、あるいは、個人の魂といったものは、実は、感性的なものに解消されてしまっているからである。しかし、出来事は感性の対象ではない。それは思考されたり語られたりすることはできるが、感性の対象にすることはできないのである（この意味で出来事は何であれ崇高なものである）。それは意味 meaning でも発話 utterance でもない、言語 language の存在を忘却するものであり、そのことによって意味と発話とをショートさせようとするイデオロギーなのである。このようなイデオロギーなしには分業のシステムとしての社会は再生産されない。

しかし、むしろ、政治とは、そのような間違った名を呼ぶことによって開けてくる空間なのではないか。つまり、言語こそが政治を可能にすると考えるべきではないか。ここで私たちが政治と呼ぼうとしているのは、ある人々が被った苦痛をネゴシエートする過程のことである。私たちはその苦痛に対して何らかの補償をするためには、その苦痛を名づけなければならないだろう。つまり、それが誰かの過失によって傷つけられたものなのか、それとも故意になされたものなのか、あるいは、何らかの差別によるものなのか、また過去何世代にもわたる不利益の結果生じたものなのか。その苦痛が何と等価なのかは、けっしてその感覚の強度のみによるのではない。その苦痛の名が大切である。だが、それではどれがその苦痛の正しい名なのか。

感性主義のイデオロギーは、言語を抹消しようとする。それは、いいかえるならば、発話 enunciation のポジションを社会的分業の中でのポジションと同一視しようということである。つまり詩人の追放であり、別の名の下に、間違った名の下に語ってはいけないというのである。フランス革命はなかったと、ある歴史家たちはいう。「革命」は何も変えなかったのであり、したがって、「革命」を自称した人々は間違った名を名乗っていたのだという。「アウシュヴィッツのガス室はなかった」と歴史修正主義者たちはいう。たしかにユダヤ人は殺されたかもしれない。しかし、個々のユダヤ人が殺された状況はそれぞれで、それらを総称して「ホロコースト」とか「ショアー」と名づけるのは間違った名を呼ぶことであると彼らはいう。ある者は「南京虐殺はなかった」という。なぜなら、それは戦闘行為だから、虐殺というのは間違った名である、と。

だが、言語が存在する以上、私たちはつねに間違った名、別の名を呼ぶし、それを名乗る。それは共感 sympathy の問題ではない。まず私のアイデンティティがしっかりとあって、それから別のアイデンティティに共感するというようなメカニズムを経て、別の名を名乗るのではない。さしあたり別の名しかないのである。さしあたり他者の名しかない。人間は言語が存在する以上、誰でもが詩人であり、哲学者である。つまり、まずもって間違った名を呼ぶものである。

ロマン主義以降、詩人は自ら「私」と語る。そして、名づける。名を呼ぶ。ポール・ド・マンはロマン主義のレトリックの基本に活喩法 prosopopeia や頓呼法 apostrophe を見ているが、そこには私たちの関心からすると無視しえないものがある。これらのレトリックにおいては、語り手は、死者やモノや、抽象的な観念などの、元来は言葉をもたないはずのものに語りかける。ド・マンによれば、それはそれらのものに発話の能力を付与することである。たとえば、ランプに向かって「ランプよ！」と呼びかけるとき、私たちは、誰かに向かって「勇気ある人よ！」と呼びかけるのと同じく、そこからの応答を期待している。しかも、これは心理学的な事実としてではなく、文法的な問題としてである。そうであるとするなら、元来「私」とはいえないはずのランプに言語能力を想定しているのだから、「ランプ！」と呼びかけたとき、私たちは間違った名を呼んでいることになるだろう。それでは「これはランプである」といったなら、これはたんなる記述であって、正しい名を呼んだことになるのだろうか。だが、名を呼ぶという行為は、そもそもたんなる記述ではない。だとすると、「ランプをランプと呼ぶ」――「呼びかける」のではなく――とき、この行為の正しい名は、「名を呼ぶ」なのか「記述する」なのか。

古来、名には一種の魔術的な力が認められている。名を口にすることでその名をもつものを召喚できるのである。名を呼ぶことは呼びかけることであるばかりでなく、呼び出すことでもある。しかし、名のもつ力は、また、それが実在の模倣ないし置き換えである点にも求められている。名とは、実在が魂につけた痕跡、傷痕の置き換えであって、実在のもつ力を何がしかそれは保存しており、したがって、記憶を通じて名とモノとは神秘的な力で感応しあうのである。しかし、それは置き換えであるかぎりで、ちょうど依り代のように、外界の強大な力から身を守るための手段ともなる。

感性主義のイデオロギーとは、実在の力と、魂につけられたその傷痕しか考えない立場のことであり、そのとき、正しい名とは傷つけたものとそれによってついた傷口との一致ということにほかならないだろう。そこで忘却されるのは傷の置き換えのメカニズムとしての言語である。名は言語なのである。傷そのものではなくて、その置き換えなのである。そのような置き換えられた傷としての名こそが、何ごとかを呼び出す力をもつ。

たとえば、シェリーの「アドネース」では、いまは亡き友、キーツが「アドネース」と名づけられるのだが、彼は直接詩人から呼びかけられることはなく、むしろ詩人が追悼のために召喚する「時」や「夢」などの数々の抽象的存在がアドネースの死を嘆き哀しみ、彼に呼びかけるのである。詩人にとってはアドネースは二人称のポジションを占めることはなく、ただ「彼」と呼ばれるだけである。彼の死の取り返しのつかなさが、詩人によって、そして、声を与えられたさまざまな抽象的存在によって語られる。詩の最後の方では、「彼が呼んでいる」といって彼の喪失が否定されるかに見えるが、彼の言葉が、彼の声が直接記されるわけではない。あくまで彼はそこに不在のままである。

名を呼ぶこと、それはたしかに呼び出すこと、召喚することである。しかしそこでは二人称として直接呼びかけることができるものと、そうはできない、三人称にとどまるものとの違いがある。口をもたぬはずのさまざまなものが語るのに、なぜ、死者は呼び出されこそするものの私に直接語りかけず、また、私も直接に死者に語りかけはしないのか。

この場合、魂を傷つける実在、あるいは、現実とは、何かの存在ではなくて、むしろ喪失である。キーツの喪失を、詩人はそう呼ぶことはできない。アドネースとは、キーツの、いや正確には、キーツの喪失の置き換えられた名前である。喪失に一つの名前を与えること、それはたしかにある種の再生ないし復活といえる。それは、喪失という現実のもつ力を、いわば追い払うためにその力自身を用いるのである。その名は喪失という現実のミメーシスなのだ。名が現実からミメティックに受け取った力は、別の名へと伝えられる。さまざまな名辞が大文字で書かれ、詩人によって呼びかけられ、そして、言葉を語り始める。それらの名は、ド・マンがいうように顔を与えられる、あるいは、仮面となるのである。

だが、それらの顔が語る声、あるいは、仮面から聞こえてくる声は、いったい誰の声だろうか。それは、読者の声である。読むこと、それは、事物や死者に声を与えることなのである。ベンヤミンがいうように、人間にとって、読むことは書くことよりも古い。自ら文字を記すようになるはるか以前から、人間はさまざまな事物を、あるいは、死者を読んできたのである。現在においてもなお、読むことは、人間のミメティックな能力の最後の避難場所となっている。すべての存在は、死者を含めて言語能力をもっている——いいかえるならば、すべての存在は、可能態としての言語である。すべての存在は語ることができる。それは言語の存在そのものから、すべての存在が受け取る能力である。人間がすべてのものについて、その名を呼ぶことができる以上、すべての存在は潜在的には一人称なのである。しかし、すべての存在がいつでも声を発しうるとはかぎらない。人間の声とは、このような言葉をもつが声を欠く存在のためのメディアなのである。

つまり、人間の声はいつでも単声的でなく多声的なのだ。だが、その多声性は、ミメティックな力に負っており、その起源にあるのは、自分を脅かす力を貪り食ってしまったという幻想である。そもそも私たちが事物の名を呼べるのは、その事物を私たちが幻想的に食べ、破壊してしまったからで、名はその起源からして事物の破壊、置き換えである。ちょうど人間の自我が、貪り食ってしまった他者の残りかす、亡霊であるように、すべての事物も、名として言語において、置き換えられつつよみがえるとき、それは自我ないし自己なのである。言語が、あるいは、名が、そのミメティック＝記述的な性格と召喚的＝遂行的な性格との分離しえない二重性をもっているのは、このためである。

名がこのような、破壊＝置き換え＝復活である以上、その正しさは、傷つけた槍とその傷口が一致するような意味での類似に基づくのではない。名は、事物の、死後の生という意味でのサヴァイヴァルである。名は、事物の、見る影もなく変わり果てた姿なのである。言語はこのように、死後の場所である。だから、シェリーは、数々の名に、死者への呼びかけを委ねるのである。名が語っているその場所は、生ではない。感性主義のイデオロギーは、言語を忘却し、生のことしか考えない。個人の内部に、魂のうちに閉じ込められた思念とは、このような生である。それは、社会における交通、各人に各人の取り分を返すに過ぎないやり取りしか知らない。

おそらくこのような社会的な生に対して、哲学者の生を、そして、詩人の生を対置しなければならないのだ。それは言語を伴う生である。言語をもつかぎりで、各人は、自らの生の取り分を限定し、確定することはできなくなる。人が被った苦痛は、まさにその名を呼ばれることによって、何ものとも等価関係を設定することはできなくなる。なぜなら、名がそもそも最初の等価関係、自己との等しさを破壊するからである。シェリーはアドネースに直接呼びかけることはできず、キーツを失った苦痛は、それ自身との同一性から引き剝がされ、けっして何とも一致することはない。何もそれを正確に埋めあわせることはできない。だが、まさにそれゆえにこそ、詩人の「私」は、思念から、個人的で社会的な生――社会的分業の中でのポジション――から解放される。互いの思念を、生を認めあう、相互承認的な共同主観性とは違う共同性が、言語によって可能となる。生の交換、意味の交換とは違う共同性、他者の廃棄への罪の意識ではなく、他者の廃棄としての「私」におけるコミュニケーション、文化 Kultur ではないような共同体。

哲学者と詩人の生が求める共同性とは、このような、言語の存在だけを――個々の発話の意味ではなく――共有するものであるだろう。

［一九九八年一〇月］

作品とその死後の生――時間性なき歴史の概念のために

たしかベンヤミンはどこかでいっていたと思うのだが、生から作品を理解することはできないが、作品から生を理解することはできる。もちろん、ここで考えられていることの一つは、作者についての伝記的事実を知ることが作品の理解につながるのかどうかという問題なのだが、そればかりではない。この問題は、ベンヤミン自身がそこに身を置いていた、当時の「生の哲学」的な思考のミリューから距離をとるための努力と関わっている。言語に意味を与えるような連関が、もしも生の連関であるとするなら、何ごとかを理解するとは、この生の連関を理解することであるだろう。このとき、言語（意味）の可能性は生によって支えられていることになる。しかも、その場合の意味とは、現在において回復された過去のことにほかならない。

この点において生の哲学（ここでは現象学をも含めて考えている）は、反省的哲学なのである。あるいは、より厳密にいうなら主観化された反省哲学というべきかもしれない。主観性ないし主体の能力として捉えられた「反省」に基づく哲学である。反省が方法として成り立ちうるのは、よく指摘されているように、それが、生きられたもの lived と生きているもの（生き生きとしているもの）living とのあいだに連続性と同一性を前提しているからである。いいかえるならば、生とは、このような過去分詞形と現在分詞形とのあいだに同一性を保ちながらもその差異を導き入れることができるような何か、つまり、自己疎隔作用——自己自身からの疎隔の作用であるとともに疎隔において自己を自己と措定する作用でもある——としての時間性そのものと理解されているのである。

このような生の理解においては、作品の存在は、生きられた次元にすでに存在するこの生の連続性ないし連関の表現や痕跡として考えられる。言語ならざるものの存在を「すでに」という時間的な様相のもとに把握し、言語と関連づける。ここに「解釈学的循環」の構造が見出される（なお、生を中心に置く思考に見出される、この「すでに」という構造を、精神分析でいう「事後性」と混同してはならない）。

伝記的批評が意味しているのは、この生における「すでに」を、作品理解の根本に据えるということであって、したがって、私たちはけっして伝記的批判を乗り超えたなどと安心してはならない。今日のそれは、より洗練された社会史との連携に基づいている。おそらく新歴史主義的な批評や受容美学の最も危ういところは、それらの批評が、生の哲学の密かな回帰のための場となりかねないところにある。二十世紀哲学において、ハイデガーにも一定程度その努力は認められるが、何よりも、ベンヤミンとウィトゲンシュタインとによって徹底的に遂行された言語と生の関係の転換——英米哲学なら「言語論的転回」と呼ぶであろうもの——を、それでは無に帰してしまうことになるのではないか。

私たちは、新しい皮袋を手にしながら、それに入れるための新しい酒を、まだ見つけていないのかもしれない。これは、私たちの歴史の概念についてもいえることだ。私たちは、歴史を理解し、歴史性を思考するために、あいも変わらず生の時間性に頼っているのではないか、その連続的な同一性に依存しているのではないか。

歴史の新たな概念を作り出すことと、作品の存在を生の連関（生活世界）から救い出すこととは、したがって密接に結びついたことなのである。ベンヤミンは、「文学史と文芸学」の中で、ある作品の受容をこそ研究しなければならないと述べている。たしかに受容美学そのものがガーダマーの解釈学ばかりでなくベンヤミンからの影響をも受けているにしても、ベンヤミンの「受容」には、作品の「死後の生」の意味合いが色濃く影を落としていることを忘れてはならないだろう。

彼は、作品の事象内容と真理内容とを区別し、注釈家は事象内容を見るが批評家は真理内容を注視するのだと書いている。そして、真理内容は、事後的にしか――その作品の死後においてしか――事象内容と区別できないのである（ベンヤミンにおいても「すでに」ではなく「事後性」が問題なのだ）。念のため断っておくが、フロイトにおいてであれ、ベンヤミンにおいてであれ、この「事後性」は「現在からの構成」のことではない。「現在が過去を構成する」というのは、一種の現象学の域を出るものではなく、したがって生の時間性を歴史性の基礎に置く身振りにほかならない。現象学でいう超越論的自我による世界の（意味的な）構成や、社会学でいえば、バーガーとルックマンによる『現実の社会的構成』のような現象学派のことを思い起こしてみればいい。そこでは、構成する主体――現在生きている存在、必ずしも人間とはかぎらない――が、いわば死者に自らの生を吹き込み、そのばらばらにされた肢体をつなぎあわせて甦らせるのである。

ベンヤミンが作品の受容を「死後の生」として語るとき、それは現在の読者による作品の復活を意味しているのではない。実際ベンヤミンは、翻訳――これも作品の死後の生であると彼はいう――では、オリジナルの言語から翻訳される方の言語の読者にとって理解可能な意味をもたらすことが問題なのではないといっている。それでは、ベンヤミンにとって、作品の死後の生としての受容とは、いったい何を意味しているのだろうか。

ベンヤミンは、いわば作品の「前世」、生まれる前の生である作者ではなく、「後世」である受容を、受容者を呼び出すのはどういうわけか。おそらく、これは私たちの遠近法が間違っているのだろう。ベンヤミンは「根源」というものを、そこにおいて前／後という関係が裁ち直されるような何かとして捉えている。もしも、作者が作品の起源であるのではなく、むしろ、作品こそがひとつの「根源」であるとするなら、私たちは何が作品よりも前にあり、何が後ろにあるのかをあらかじめ分かりきったことのように扱うことはできなくなるだろう。

私たちは、「流れ去りつつも留まりつづける永遠の現在」という生の時間性に深く浸潤されているので、これ以外の時間性に基づく歴史の概念――あるいは時間性なき歴史の概念――を構想することがほとんど不可能なほどだ。だから、ベンヤミンが一種の渦巻きのイメージで提示する「根源」の概念も、このような生の流れのイメージに、つい近づけて理解してしまいがちである。だが、この渦巻きを流れのイメージで理解してはならないだろう。むしろ、そこで強調されているのは破壊ないし破局 catastrophe なのではないだろうか。

連続する時間、流れる時間に破局の時間を対置すること。これが「根源」的な、つまり、「根源」を「根源」たらしめる、「根源」による身振りではないか。ちょうど、ブレヒトの叙事詩的演劇が中断によって――「身振り」gesture として――成立するように。

連続する時間の連続性は、ただ生きられるだけでは連続でも何でもない。それは、主観によって反省され、あるいは、解釈されなければ、それとしては存在しないだろう。「過ぎ去る」という時間性は、しかし、それが「流れ」として把握されるかぎりで、それをひとつの「流れ」として記述することを可能にする場、つまり、流れる前と流れた後とを同時（！）に見ることができる非時間的な、時間の外にある場所を前提とせざるをえない（晩年のフッサールが、前述語的な場面で、随伴所与としての「過去把持」を想定せざるをえなかった場所）。「自我」とか超越論的主観性と呼ばれるものはこのような場所のことであり、また、たしかに反省とはこのような主観性を遂行的に措定する行為でもある。

時間を可能にするものでありながらそれ自体は時間の外に位置しているこのような存在――というか、ハイデガーの用語なら存在者だが――は、ベンヤミンのいう意味での「根源」ではありえない。このような存在は執拗にその場に留まりつづけて、一度手にしたものは放さない。すべては生活世界life world の中に沈澱し、主観性によって、現在によって、賦活 reanimate 可能なのだ。世界とは、超越論的な生にとってはアニメーションなのである。

このようなアニメーションの世界こそ、産業化された世界にほかならない。そこではすべての存在が生産力として蓄積され、再投資され、再活性化されていく。今日では、「存在する」とは「再生産される（された）」という意味である。まことに資本主義とは生きられた現象学であり――こういったからといってフッサールをブルジョワ・イデオローグとのみいうつもりはない――、その時間性は、資本のそれである。そして、主観的な反省とは、ここでは再生産の過程にほかならない。

個々の要素に分解してしまうなら、そこにあるのは資金であり、生産施設であり、原材料であり、そして、労働者にすぎない。これらのどこにも「資本」など隠れてはいない。しかし、これらの要素が連結され、活用されるとき、その主語として遂行的に立ち現れるのが「資本」にほかならない。それは、商品が流れ去るかぎりにおいて同一なものに留まる。貨幣―商品―貨幣へと転変し続けるかぎりで、その同一性が記述される場として、それ自体の同一性を遂行的に措定するのである。それは、いわば、現象野には自ら出現することなくさまざまな現象の出現の可能性を制約する超越論的自我のような存在なのである。

だが、私がここで展開したいのは、資本主義の現象学ではないし、ましてや、現象学的マルクス主義――『資本論』の現象学化――でもない。そうではなくて、むしろ、生きられた現象学としての資本主義に対する批判の通路をベンヤミンに見出そうというのである。

資本の／による反省は、人間によるものではないにしても、それを非主観的なものとはいえないだろう。なぜなら、そもそも超越論的主観性の作用にしてからが、私たち個々の経験的な主観性にとっては、直接に把握可能なものではないからである。それはたしかに意識、それも、もっとも純粋な意識であるはずなのだが、まさにその故に、私たち経験的な――不純な――意識には、それとして知られることはない。けっして眠ることのない――なぜなら、もしも超越論的主観性が眠ってしまったら、世界は消滅してしまうだろうから――この純粋な意識の働きは、私たちの個々の意識の働きに伴って知られるしかない。それは、個々の売りと買いの成立を通して、資本主義が存続していることを確認するしかないのと同じである。

この産業の世界では、反省能力の向上とは、さまざまな要素——たとえば、「伝統」——を資本にとって利用可能なストックとして確保することにほかならない。それらのものに、新たな形式を与えるのである。「近代化」を主観性の反省能力の向上のプロジェクトとして捉える立場は、行為のための選択肢の増大を、主体の環境制御能力の増大として評価するだろう。つまり、それまで変更不可能な所与、そもそも別の可能性がありうるとは思われていなかったものが、別様でもありうるものとして、そのかぎりで選択可能なものとして現われる——「選択肢」という別な形式の内容として現象する——というのは、主体性の増大であり、よいことであると、そのような立場からは評価されるだろう。生産力の増大と呼ばれるものは、主観性をめぐる議論でいうならば、主観性の側の選択能力の増大として理解されるのである。

ここで、主観性ないし自我 Ich, I と自己 Selbst, self との区別をはっきりさせておくことが必要だろう。ベンヤミンは、フィヒテの「自我」と初期ロマン主義の「自己」との混同を戒める。この区別は、また、フィヒテにおける「反省」と「措定」の差異にも関わっている。

思考についての思考、思考についての思考についての思考……(「私は考える」「「私は考える」と私は考える」、「「「私は考える」と私は考える」と私は考える」……)。反省は無限に続く。したがって、思考は完全な自己認識ないし自己意識には永遠に辿り着けなくなってしまう。ベンヤミンによれば、このような反省の無限背進を絶ち切るためにフィヒテは、思考ないし認識の場面から実践の場面に身を移す。いわゆる事行 Tathandlung であり、自分自身を産出するものとしての「措定」Setzung である(この「措定」を全面的に展開したのがヘーゲルである)。フィヒテの議論では、非自我を措定することを通じて自我そのものが行為遂行的 performative に措定されるのである。ここでは、反省の無限性は縮約され、日本語でいう「反照」ないし「反射」として、措定の一契機に組み込まれてしまっている。そして、反省の無限性は自我のうちに回収されるのである。

これに対して、初期ロマン主義は、そのような実践哲学には関心がなかったとベンヤミンは主張する。彼らは思考と認識の場面に留まり続けたのである。それが可能だったのは、初期ロマン主義にとって、反省の無限性は何ら問題ではなかったからである。彼らにとってそれは、過程の無限性ではなく、連関の無限性を意味していたと、ベンヤミンはいう。反省は、思考の思考であり、自己認識である。しかも、ここでいう「自己」とは、必ずしも、意識的生のことではない。すべての存在は自己である。いかなるものであれ認識とは、主観による客観の認識ではありえない。そうではなくて、個々の存在が自分のことを思考する、その反省の展開なのである。一切の認識は自己認識である。私たち人間がものを認識するとき、それは、その事物を客観として、そして、私たちが主観としてその客観を認識することを意味するのではない。私たちの認識の正しさは、主観と客観の一致のよってではなく、それがどれだけ認識される存在の自己反省、自己認識に忠実であるかに求められるだろう。私たちの認識の明晰さは、認識の対象の自己反省が高次化するに連れて増していくのである。そして、作品の死後の生としての受容とは、このような作品の自己反省、自己認識の展開にほかならない。

このような立場からすれば、非自我などというものを自我と対立させるフィヒテの理論は、主観―客観という対立にいまだ縛られたままであるといえるだろう。主観と客観の対立は、実践においてではなく認識において克服されるのである。いいかえるならば、ベンヤミンは初期ロマン主義のうちに非主観的、非自我的な反省の理論を認めるのである。

ロマン主義自体のというばかりでなく、ベンヤミンにも強固に見られる認識論へのこのような傾斜——たとえば、バロック演劇論への「認識論的 - 批判的序論」という命名からもうかがわれる——をどのように理解したらいいのだろう。近代哲学においてもっとも明確に、言語の行為遂行的性格を定式化したともいえるフィヒテの自我論をこのように否定し去るということは、ベンヤミンの言語理論の限界を示すものなのだろうか。

だが、ここでヴェルナー・ハーマッハーが、ベンヤミンの「暴力批判論」を論じた文章で afformative と呼んだもののことを思い起こすべきではないか。「遂行中断的」とでも仮に訳しておくしかないこの言葉は、per + form（かたちを最後にまでもたらす、完成させる、実際に行う）に対する a + form である。それはパフォーマンスの中断、宙吊りを意味している。「暴力批判論」の文脈でいえば、これはもちろん神話的暴力を中断し無効にする神的暴力である。あるいは、ブレヒト論で語られる、行為の中断としての身振りを考えてもいい。いずれにせよ、ベンヤミンには言語の遂行的な性格、つまり、法として、法の名のもとに人々に語りかけ、自分の前に召喚して主体 = 臣下化するメカニズム——後にアルチュセールが「イデオロギー装置」と呼んだもの——への敏感な感受性がある。

ベンヤミンの認識論は、言語の遂行性に気づかずに言語をただ記述の平面でだけ捉えているのではなく、むしろ、言語が否応なく振るってしまうそのような遂行性への批判として目論まれていると理解すべきではないのだろうか。つまり自我 = 私の措定の批判である。言語の遂行性と密接に関係している人称代名詞のシステム（一人称／二人称）から別の非人称（自己）の場面へと移行すること——

しかもそれを身振りとして提示すること――、それが、初期ロマン主義からベンヤミンが引き継いだ課題 Aufgabe なのである。

非主観的な反省の理論は、主観性の措定のうちに組み込まれた反省に対する批判として理解することができる。つまり、主観性のうちに回収された無限性の批判である。フィヒテにおいては措定という現在の身振りが、過程としての反省――過ぎ去るもの――を自らのうちに留めおく（それはヘーゲルによって「経験」の弁証法というかたちに仕上げられ、そこでは、時間性と歴史性が一致することになるのだが）。それに対して、無限の連関として把握された反省は、他者に「非自我」という形式を与えることによって自分の内部にとり込むようなことはない。「自我」の「措定」という行為がそれぞれの存在に対して、いわば外的な形式を与える――資本制においてはすべてのものが商品という形式をまとうように――のに対して、「自己」は、それぞれの存在がその内部に反射＝反省する形式であるといえるだろう。ヘーゲルは『精神現象学』において、「私」という人称代名詞（直示語）の空虚さを指摘していた。すべての語る存在は「私」であり、すべての場所は「ここ」であり、すべての時は「いま」である。だが、ベンヤミンの理解する初期ロマン主義においては、まさに、この無内容な空虚さこそがすべての存在者を互いにコミュニケーション可能にするのである。

すべての存在は「それ自身」である。この点においてすべての存在は互いを、その存在のすべて、いいかえるならば、その単独性をコミュニケート――ベンヤミンの言葉遣いを借りるなら「相互浸透」――するのである。そこにおいては他者が廃棄されているかぎりで――なぜなら、すべては「自己」なのだから――、一種の共同主観性のようなもの（intersubjectivity or interobjectivity?）が成立するのである。しかし、この「他者の廃棄」は、自己へと立ち返る反照的規定性でもなければ、相互承認をめぐる闘争でもないだろう。「自我」の場合と違って、「他者の廃棄」は「自己」にとっては「内化＝想起」の対象ではないのである。

「自我」というのは、「他者の廃棄」の記憶によって生み出される「疚しい意識」であるといえるだろう。「他者の廃棄」の記憶につきまとう疚しさから、すべてを自分の記憶として、いいかえるならば「自分にとっての存在」、それ自身からするなら「他者に対する存在」として自分の中にとり込むのである。したがって、すべての存在が「自己」たりうるためには、「他者の廃棄」の完全な廃棄が必要なのである。そのとき、すべての存在は、誰か特定の存在者（国民、異性愛者、植民者、世界資本主義、等々）に対して存在することを止めるだろう。

おそらく、生と言語との関係を「他者の廃棄」というかたちで徹底的に考え抜いたのはヘーゲルであるだろう。ヘーゲルにとっても、一見すると言語とは、あるいは、ものの名とは、事物の死後の生であるように思える。しかし、措定の契機としての反省の理論においては、それは内化＝想起としてあり、それは想起されるものにとっては外在的でしかない。一方、無限の連関としての反省の理論においては、言語と実在、あるいは、生は内在的な関係にある。そして、それは、「過ぎさる」とか「留まる」というような時間性においてではない（私たちは時間性以外の場所で生と言語の相互内在性を考えなければならないのだ）。だが、私たちが現在手にしている指示関係 reference についての多くの理論も、言語とその指示対象 referent との関係を相互の外在性において捉えるという点ではヘーゲルの後継者であるといえる。言語と指示対象とのあいだに何らかの内在的関係を想定するのは神秘主義的な蒙昧というわけである。

だが、いまでは、私たちにも理解できるのではないか。一見古風に見える（いや、たしかに古風archaicなのだ）名の概念を中心に構成されているベンヤミンの言語理論のラディカルさが。二十世紀の言語理論は「言語はものの名ではない」という発見を大切にしてきたのだし、言語の使用の行為遂行的性格をめぐる議論もこの文脈で理解される。たしかに、私たちはもはや言語について素朴な記述の理論に後戻りすることはできないだろう。しかし、それでは、言語の遂行性を無批判に受け入れて、それで事足れりとしていてよいのだろうか。

何かの、あるいは、誰かの名のもとに語ることは遂行的発話の最たるものである。それは、ベンヤミンが神話的暴力の原型として捉えた顕現manifestationそのものであり、それは自らを命名し、そのようなものとして受け取ることを他者に強要する。つまり、非自我／自我の措定という遂行的な行為performanceである。

だが、名は、むしろ、遂行中断的afformativeである。神的暴力は何かの名のもとに語りはしない。それは端的に名なのである。

［一九九八年一二月］

ジャック・タミニオーといえば、その『基礎存在論の読解』で、ハイデガーがアリストテレスの概念、とりわけ『ニコマコス倫理学』のそれをいかに翻訳しているのかを鮮やかに示してくれたその手並みの素晴らしさが強烈に印象に残っているのだが、その後に出た『トラキアの娘と職業的思想家』では、やはり古代ギリシャの思想に立り返りながらハイデガーとアーレントを比較している。そこでの中心的な論点の一つとして、タミニオーは、アリストテレスの「プラクシス」の概念がこの二人によってどのように翻訳されているのかを明らかにしている。

タミニオーによれば、ハイデガーの「ダーザイン Dasein」はアリストテレスの praxis の翻訳である。アリストテレスにとってプラクシスとは、制作 poiesis とは違って、それ自体の外に目的をもたず、始まり（起源、原理 arche）と終わり（目的 telos）が一致するのだが、これこそはハイデガーの「ダーザイン」の概念を規定するものにほかならない。だが、タミニオーは、アリストテレスとハイデガーのあいだには、看過できない違いがあるという（彼はこれをハイデガーにおけるプラトン的なバイアスとして理解する）。それは、アリストテレスのプラクシスは、つねに、他者の目の前で、公共領域において生起するのであるが、ハイデガーにおいては、それは公共領域、つまり、他者と共有されたものからの引きこもりとして理解されているという点である。

ハイデガーにおいては、他者と共有されている世界、日常世界というものは一種の頽落態であり、それ自身であることというのは、他者との関係の切断にも似た操作の結果である。まずさしあたって、私たちは他者のもとに自らを失っている。というよりも、端的に他者なのである。私たちは自己、自分自身であるのではなく、他者なのである。これはちょうどポイエーシスにおいて、始まりと終わりが一致しないことに対応している。

制作的活動では、人間の活動はそれ自身のうちにではなく、それとは別のところにおいて完成される。すなわち、道具の使用においては、過程はその外部に目的をもつのであり、つねに、その結果こそが、それ自身ではなくその他者こそが大切なのである。そして、ハイデガーにとって日常性とは、そのような道具的連関に埋もれ、すべての存在者を、何かの目的に向けて道具として使用すべく、すでに手元に配置されたものとして扱う態度のことであった。日常的な世界とは、このような目的―手段の連関のうちに配備された存在者の総体のことであるといえるだろう。

アリストテレスの主張するところによれば、制作的活動 poiesis においては、制作者＝職人（人間）が潜在態 dynamis であり、制作物 work が現実態 energeia である。それに対して、実践 praxis では、潜在態も現実態もどちらも行為者である。ハイデガーは、プラクシスにおけるこの現実態への移行を「自己であること」「自分自身であること」の現実化として理解するのである。職人のようなかたちで、その外部に、他者としての制作者 agent をもたないこの現実態への移行は、それではどのようにして可能になるのだろうか、どのようにして成し遂げられるのだろうか。

よく知られているように、ハイデガーがここでもち出してくるのはダーザインの固有の死の可能性である。自らの死を死ぬことができるという可能性。この可能性は、その裏返しとして、他人の代わりに死ぬことはできず、他人も自分の代わりに死ぬことはできないという不可能性、一種の無力さを意味しているはずなのだが、ハイデガーにおいては、このことは強調されない。それというのも、ハイデガーは私の死の可能性、けっして現実のものとはならないこの可能性——なぜなら、それが現実となったときにはもはや私は存在せず、したがって、そのときには「私の死」を「私の可能性」とも「私の現実」とも呼ぶことはできないからである——、それが現実態であるかぎりは誰も担いえないようなものの可能性を、あえて「私のもの」として捉えるために「先取り」という時間性に訴えかけるのである。(たしかに無力さでは、先取りすることはできない。もしも無力さを「私のもの」と呼ぶとしたら、それは時間性とは別の何かに頼らなければならないのかもしれない。すくなくとも、潜在態から現実態への移行の時間性とは別な何かに。)

他者から自己へと立ち返る、あるいは、他者を切断して自己となるようなその瞬間、その時間性は、たしかにchairos的な時間であるといえるだろう。カイロス、つまり、好機chanceである。好機を見つけ出すような知のあり方が賢慮phronesisであり、アリストテレスによればこの賢慮こそが実践praxisを導く知である。こう見てくるなら、ハイデガーの論議はアリストテレスを忠実になぞったものとも見えてこよう。しかし、タミニオーは、ここでハイデガーとアリストテレスとの決定的な差異を指摘するのである。それこそが、共同体ないし複数性pluralityの無視である。

アリストテレスにとって、人間的事象とは、最終的に一つの知に行き着くことができない、複数のドクサ――「私にはそう思える dokei moi」――が併立する領域である。政治学が第一哲学から区別されるのはこの点である。そして、アリストテレスの賢慮とはそのような複数性を本来的にはらんだ知なのである。ところが、ハイデガーは、賢慮をむしろ、複数性から単独性へと移行する決断（先駆的決意性）へと変形的に翻訳するのである。タミニオーは、ここにプラトンの影響を見る。

『ティマイオス』のデミウルゴス（造物主、ギリシャ語の普通の意味では職人）神話や、『国家』において言説によってゼロから理想の社会を作り出そうとする態度に明らかに見てとれるように、プラトンには、アリストテレスのような実践と制作の区別はない。たとえば、模倣 mimesis の概念を例にとって考えるなら、プラトンでは、模倣とは、子どもが大人のまねをして学習していく過程ばかりでなく、設計図に基づいて制作する職人の活動もそう呼ばれる。それに対して、アリストテレスの『詩学（制作論）』では、模倣とは、ある行為者による行為の模倣である。プラトンはつねに制作的活動と制作物に注目する。彼にとっては、人間的事象もそれを理解するためのモデルとしては職人の制作的活動で事足りるのである。社会が問題であったとしても、『国家』で描き出されるソクラテスにとっては、人間たちを素材に、完全な社会を作り出すことのできる有能な職人が一人いればそれで十分なのだ。

そのような職人の制作活動を導く知は、アリストテレスが理解するような賢慮ではない。アリストテレスがプラトンに対して異を唱えたのは、プラトンがすべての知を職人的な制作を可能にする知、つまり、事物をあらかじめ規定する本質の認識 noesis, dianoia に還元しようとするこの点においてである。アリストテレスはプラトンよりもギリシャのポリスに忠実であったのだといえよう。アリストテレスは bios politikos の還元不可能性に固執している。(プラトンにはそれがない。アリストテレスは、彼自身ギリシャの異邦人 xenos であったにもかかわらず、ギリシャ人と異邦人 barbaroi のあいだの差異や、自由人と奴隷とのあいだの差異を堅持しようとした。『メノン』で奴隷の少年に幾何学の証明をさせるプラトンと対照的ではないか。プラトンは、他の点はともかく、すくなくともポリスの敵であるという点では師のソクラテスを継承しているといえよう。)

たしかに、タミニオーのいうように、ハイデガーは、bios politikos への敵対という身振りをプラトンから引き継いでいる。それは、ダーザインが孤独に自分自身の死と向かいあうという構図が、まさに「死へと向かう訓練 discipline」、「死の先取り」としてのプラトン的な哲学、bios theoretikos の bios politikos に対する優位を唱える哲学と重なっているというだけではない。ハイデガーがポリスについて言及するときにも、強調点はポリスの統一性、全体性にあり、それは『国家』において展開されるポリス観に極めて近い。そこでは、ポリスの構成員たちの複数性は意味をもたないのである。

タミニオーが論じるように、ハイデガーがプラトンの誘惑に屈するところで、アーレントはアリストテレスの側に踏み止まっているのであり、彼女の方がはるかにアリストテレスに忠実である。アーレントは、アリストテレスのプラクシスの概念に不可欠の複数性を、政治的なもの the political の核心に据え、単一性 simplicity と同じきものの反復にほかならない多数性 multiplicity の双方によって特徴づけられる社会的なもの the social と対比したのである。それに対してハイデガーは、ナチ・コミットメントの時代も含めて一貫して政治的なものの敵である。というよりも、むしろ、タミニオーの指摘するように、このような政治的なものへの敵対、複数性の無視こそが、ナチ・コミットメントを可能にしたのであり、その態度は戦後も変わらなかったと見るべきだろう。

ハイデガーは思考を特定の誰かに独占させようとする（ちょうどプラトンの『国家』で君主以外は思考しないように）。世界の中では一民族――古代ならギリシャ人、近代ではドイツ人――に、民族の内部では大学に、そして、大学の中では哲学教師に、という具合だ。ハイデガーは『国家』で開陳されるような社会的分業に異議をもたないだろう。だが、アーレントが承服しないのは、まさにこの点、思考を社会的分業上の一職業とし、思考を専門家のものとすることである。なぜなら、専門的職業としての思考を可能にするのは、考えること thinking と知ること、認識すること knowing との混同だからである。たとえば、ある道具について知り、それに習熟することや、ある素材の性質を認識することと、それは特定の専門家の独占的な知識たりうる。すべての人が大工のように鉋を使えるわけではないし、また、すべての人が医者のように病気やその治療法について知っているわけではない。知 knowledge は、このように社会の中に均等に分散されているわけではない。だが、思考は違う。考えることは誰にでも備わっている能力である。デカルトの良識 bon sens やカントの啓蒙、あるいは、グラムシの「知識人」概念を見ればわかるように、職業としての思考（つまり、学校化された哲学）への批判は、近代哲学においてつねに回帰してくる主要な主題の一つである。それゆえに、カントが理解したように、哲学部において、学校は職業訓練の場という自己自身の社会的分業上の役割を逸脱し、自分自身と一致しなくなるのである（「ドイツ大学の自己主張＝自己であることの確証」と比較されたし)。

思考には、このように自己との不一致、不和がはらまれている。アーレントは、賢慮と認識を区別するアリストテレスにしたがうばかりでなく、さらに、実践的理性を理論的理性に対して優位に置くカントに導かれて、考えることと知ることの区別を立てている。しかし、彼女のこの区別には、ハイデガーはもとより、カントと比べても、中世や古代の思想家たちに近いところがある。カントにおいて実践的理性とは自分で自分に法を与える自己立法であり、理性の自律性を基礎づけるものであるし、ハイデガーにとっても、本来的な気遣いとは、自分自身の存在(可能性)を気遣うものであり、自分自身からの呼び声に耳を傾け、それに応じる決意ないし決断である。つまり、カントとハイデガーの両者とも、賢慮が自己性ないし自律の問題として捉えられているのである。

だが、アーレントにとって重要なのは、思考がもたらす分裂、自己自身との不和の契機である。それは、ちょうど古代哲学において知覚の場である魂 psyche と思考の担い手である知性 nous とが区別されたことを、あるいは、より適切には、中世において知性の単一性をめぐって議論されたような能動的知性 intellectus agens と可能的知性 intellectus possibilis とが——純粋にアリストテレス的というよりは、新プラトン主義的にといった方がいいが——区別されたことを思い起こさせる。

考えることと知ることの区別は、人間の内部に分割をもち込む。しかも、それは、単なる諸能力の共存というような多元主義 pluralism 的なものではない。それは、現代の理論でいうなら精神分析が明らかにしたような主体の分割をはらむアゴーン的なものである。自己自身への、自己というものへのアゴーンである思考 thinking を十全に捉えるためには、『人間の条件 Vita Activa』の、praxis - bios politikos に限定された議論の限界を取り払わなければならない。『精神の生 Vita Contemplativa』全体がそのための努力であるといえるのだが、しかし、彼女の内には thinking(= phronesis) - praxis - logos という結びつきがあまりに強い。

ここで私が思い浮かべているのは、近年日本においても酒井隆史らの努力によって紹介されているパオロ・ヴィルノやアウグスト・イルミナーティのような現代イタリアの左翼の政治哲学者たちの仕事である。シチュアシオニストやトニ・ネグリ、それにジョルジョ・アガンベンなどの仕事を引き継ぐかたちで彼らは活動している。彼らは、中世カトリック世界で異端とされたアヴェロエス（イブン・ルシド）の知性の単一性の議論から始まって、それに言及しているダンテの『帝政論』（字義通りに訳せば「単一の支配について」となろうか）を経て、マルクスの『グリュントリッセ』の普遍的知性 general intellect、そして、アーレントの公共性の概念にいたる実に壮大な系譜を辿っていく。しかし、いまさらなぜアヴェロエスなのか、しかも、アーレントを論じるに当たって。ヴィルノやイルミナーティにとってアーレントとアヴェロエスを一緒に読まなければならない理由があるとすれば、それは、ポスト・フォーディズム的な資本主義の展開に対応した抵抗の論理を組み立てるためということであるだろう。

冷戦の終結とディジタル・テクノロジーの世界的規模での展開によって特徴づけられる現代の資本主義においては、一方では、国家と資本の周縁のインフォーマルな部分で、フーコーのいう死へと捨て置かれた状態に留めおかれ、その生が収奪される多くの人々が生み出されている。それは、裏を返せば、資本家ばかりでなく、たとい労働者というかたちで搾取される存在としてであっても、正規に市場に組み込まれた者は、世界的規模で見れば否応なく特権的な階層に属するということである。しかも、これら両極にある人々が空間的に隣接して存在するという事態が世界中に遍在している。中心／周縁の構造は世界のどんなところでも見られるようになったといってよいだろう。

このような世界資本主義の遍在する中心部では、ディジタル化されたコミュニケーション・メディアによって私たちのコミュニケーション能力、つまり、言語と行為を特徴づける遂行性 performativity そのものが、資本の力能として蓄積されていく。かつてブレイヴァーマンが『労働と独占資本』で展開したような、労働現場における計画および監督と実行との分離は、完全に廃棄されるわけではないにしても、市場の急速な変化に敏感に反応していくためには、労働者一人一人がもつコミュニケーション能力、つまり、他者に応答し、また、他者からの応答を期待できる能力、コミュニケーションを絶やすことなく接続させ続けられる能力を高めていかなければならない。そして、その能力は、コミュニケーション・メディアのネットワークというかたちで物象化され、自律的領域を形成しているのである。

コミュニケーション能力、あるいは、共同主観性というものが、このように資本のもとに包摂されているというのが、アガンベンやヴィルノに代表されるイタリアの左翼哲学者たちが共有している基本認識であるだろう。もしも、資本主義の現状がこうであるとするなら、いったいどこに抵抗の拠点を見出したらよいのだろうか。アーレントは、官僚制の命令に従順にしたがうアイヒマンに無思考性 thoughtlessness を見た。逆にいえば、考えることこそが、上司や上官からの、あるいは、同胞からの、不正へとコミットせよという命令に対する不服従の根底にあるものなのである。思考こそが抵抗の根拠である。このアーレントの議論を資本主義の現在の状況において発展させること、そのためには、思考をコミュニケーション能力や共同主観性と切り離して考える必要がある。思考がもつ、自己自身との――他の能力とではなく――不和という本性を、すでに資本によって領有されてしまった「共同主観性」とは違ったかたちで公共性の概念へと展開させていくこと。この作業のために、彼らはわざわざアヴェロエスを呼び出してくるのだといえよう。

アーレントの偉大さは、公共性を人間の世界性――ハイデガーでいうなら「世界内存在」――において捉えていた点にある。人間は、つねに、世界へと開かれ、そこへと暴露されている。しかし、ハイデガーの世界概念とアーレントのそれとの差異を無視してはならないだろう。ハイデガーの世界概念は、『存在と時間』の記号についての分析を見てもわかるように、その全体性に強調点がある。それゆえに、彼にとっては、「形而上学入門」講義におけるように、「世界」はほとんど「ポリス」、それも、境界によって区切られた統一体としての「ポリス」と同一視されるにいたる。そこでは、ポリスの境界をめぐる闘争（戦争 polemos）――それはまた、「世界」と「大地」との境界をめぐる闘争でもあり、マルクスはそれを「本源的蓄積」と呼んだのだった――は存在するにしても、ポリス内部の不和 agon は排除されている。ハイデガーにとって、世界内存在ということが意味しているのは、このような「世界」への開けとして人間が存在しているということであり、しかも、この開放性自身は、自らの死という自分自身に固有の可能性によって開示されるのである。

ハイデガーのこのような「世界」概念は、たとえば、カントのそれ（「現象の総体としての世界は存在しない」）と比べても、また、フッサールが晩年に格闘していた地平としての世界概念と比べても後退しているといえるのではないだろうか。その境界を画定することも、それを総体として把握することもできないようなものとしての世界に曝されているということ、この人間の条件から公共性を思考する可能性は、ハイデガーにではなく、アーレントにこそある。とりわけ、『精神の生』のアーレントに。ハイデガーが展開するような、自分自身の呼び声に、あるいは、存在の呼び声に応じて「自己」となるような、聴くこと＝帰属することとは異なる、不和としての思考が開く、暴露の空間をこそ思考しなければならない。

思考について思考することがそのまま抵抗について思考することでなければならない。より正確にいうなら、アリストテレスが『霊魂論（デ・アニマ）』で述べている、可能態としての思考についての議論を抵抗への権利をめぐるものとして読まなければならない。考えることが含意しているのは、社会契約への何がしかの留保なのである。それは、コミュニケーション能力の枯渇した先に、あるいは、コミュニケーション能力の手前にある。つまり、幼年期である。思考、すなわち、魂の最も高貴な場所であり、公共性そのものであるその場所には、社会から追放された、ものいわぬ子どもがいる。

考えること、抵抗すること、それは、ものいわぬ子どもの仕事でなくていったい何であろうか。思考とは何よりも言語（の使用）の抵抗なのだから。

［一九九九年三月］

若き日のフーコーの手になる、ビンスワンガー『夢と実存』への序文のなかで一番ショッキングな部分は、やはり何といっても自殺を論じているところであるだろう。自殺を自由の発露として捉えること自体はクリシェであるといってもいいのだが、しかし、その自由――おそらくは人間においてもっとも根源的な自由の一形態である――の内実たるや、世界から消滅することで世界そのものになるというものなのだ。世界から解放される自由ではない。また、対象として全世界を所有するというのでもない。世界の存在と一体化すること、世界がその存在においてそれ自身を構成する動きそれ自体となること。これが、自殺において体現される想像力の根源的な自由であるというのだ。

たしかに、自分が死んだ後の世界を想像しようとすると、私たちはいささか取り乱さずにはいられない。そのとき私たちが想像するのはいつもと変わらないこの世界、日常の見知った光景でしかない。しかし、そこに私はいないのである。そうだとするとこのまなざしはいったい誰のものなのか、いつもと同じように世界を眺めるこの視線は誰なのか。それは、私である、とフーコーは答える。ただし、その「私」とは、この壁であり、机であり、あの人がいま読んでいるこの手紙であり、あるいは、道端の木、あるいは、海、荒れ野であるような、そんな「私」、この私以外のすべてであるような

「私」なのだが。

フーコーはこの序文で、ビンスワンガーの仕事を、想像力の人間学として位置づけようとしている。フーコー自身、自分を人間学の内部においている。少なくとも、さしあたりは。人間学が存在論へと（いつか、どこかで）移行しなければならないにしても、人間学の試み自体が否定的に捉えられているわけではない（だからこそ後年、フーコー自身によってこの仕事は否認されることになるのだろう）。むしろ哲学と経験科学とを分離させてしまわないものとして、人間学は積極的に評価されている。

フーコーにとって、夢は想像力の一事例ではない。むしろ、夢こそは想像力の条件をなすものであり、想像力の人間学は、夢を通して確立されなければならない。夢は想像力の根源的な自由の場なのである。想像力と自由の結びつきは、一見するとサルトルを思い起こさせるが、フーコーは、サルトルと違って、現実の否定としての自由を想像力の内に見ているのではない。想像力を現実の否定として捉えるとき、現実はすでに所与のものである。現実はすでにどこかよそで、想像力とは別のところで作られてしまっている。そのとき想像力にできることはせいぜい、現実の代理物をでっちあげて自らの無力を慰めることぐらいだろう。実際、サルトルの「想像力」論は、しばしば、イマージュないしイマジネールの現象学的記述に流れるのであり、想像力そのものに対しては、意識のその対象に対する否定性以上のことが展開されているようには思えない。

フーコーは想像力の働きを、むしろ知覚において見出す。それは何も、知覚において対象がイマージュとして作り出されるということを意味しているのではない。むしろ、フーコーが強調するのは、イマージュと想像力の両立不可能性である。イマージュが現われるとき、想像力はすでにその働きを止めている。そして反対に、想像力が作動しているとき、私たちはイマージュなどもちはしないのである。

私たちの知覚の対象は、それ自体として存在している。それは私たちの空想の産物という意味でのイマージュではない。たしかにそこに存在している。だが、「存在している」とはどういうことか。それは、あたかも、万物が自らの存在を夢見ているかのようなのだ。「存在する」ということと「夢見る」ということが、ほとんど同義であるような、想像力論である。

夢見ること、それは、世界の自巳構成の根源的な働きなのである。きわめてロマン主義的な存在論だ(フーコーは繰り返しノヴァーリスを参照する)。いま、「存在論」と書いたのだが、ここに、想像力の人間学が存在論へと移行しなければならない理由がある。夢は人間の自由の根源と一直線につながっているのだが、それは、夢が世界構成の根源に遡行するからである。しかし、奇妙な人間学ではある。なぜなら、人間学の極み、人間の自由の頂点が、自殺というかたちでの人間の消滅なのだから。この序文から十数年の後、フーコーは『言葉と物』によって人間の死の予言者として一世を風靡することになるが、すでに、この人間学者フーコーの内に、人間学の只中における人間の死が書き込まれていたのである。

フーコーはいう、夢は眠りを死の光のもとで目覚めさせる、と。夢は人間学の眠りからの目覚めなのではないだろうか。あるいは、「人間の死」とは、人間学の見る夢なのかもしれない。フーコーは夢を経験のひとつの形式として捉えることを力説する。だがそれは、経験する主体が喪われた経験である。たしかに、この時期のフーコーは「実存」という名で、この経験の主体を名指してはいる。しかし、実存は、その深いところで、すでに死んでいるのではないだろうか。まるで、自らの死にいまだ気づいていないかのように、経験され、眺められる世界。

夢において、すべては「私」であるという。つまり、夢において夢見る存在は孤独なのである。この孤独は、人間的実存が「世界的存在」であるということ、この世界へと人間が開かれていることを意味している。人間が世界へと開かれているという根源的な経験は、他者とこの世界を共有しているという共存在の経験へと導きはしない。そうではなくて、この世界とこの実存との一致、この世界そのものである実存の自由な投企が、孤独において開示されるのである。もちろん、この世界には、さまざまな事物が存在し、また、他者も存在する。しかし、他者と共有する覚醒時の世界よりも、夢見る世界の方が、あるいは、知覚の奥底でうごめいている想像力の世界の方が、より根源的なのである。つまり、私の死後の世界こそが私にとって、もっとも根源的であり、私の自由が十全に実現している世界なのだ。

死の先取り、いわゆる「先駆的決意性」というものだろうか。いや、ここにあるのは決意ではない。いまだ到来してないものを、あたかもすでに来てしまったかのように振る舞うことでもない。私たちはみな、すでに幾許かは死んでいるのである。私たちが、何か道具を摑むとき、書物の一頁に目を落とすとき、あるいは誰か友人とことばを交わすとき、そこには一種のミメーシスないしはミミクリのようなものが生じる。それは、ただ単に他者の身体図式ないし身体的な身振りとしての志向性の模倣にとどまらない。たしかに、道具がその内に置き入れられている使用の連関、つまり、その道具を何かの目的へと身体によって関係づけていく誰かの、匿名の志向性への同一化なしに道具を用いることはできないだろう。また、ことばを話したり、理解したりするためには、そのことばが体現している志向性へと同一化することが必要であるに違いない。だが、そのようなミメーシスは、フーコーにとっては、死としてしか理解できないものなのである。

興味深いことに、ドゥニ・オリエは、フーコーの『臨床医学の誕生』と『レーモン・ルーセル』を論じた文章で、ロジェ・カイヨワによるかまきりの記述を引いている。カイヨワの『神話と人間』に収められている文章なのだが、それによると、かまきりは、頭部を切り取られても、刺激に対して生きているときと同じように反応できるという。そもそも、メスのかまきりが交尾の最中にオスのかまきりの頭を食べてしまうのは、そうすることで交尾が、反射的行動としてよりよく実行できるからだというのである。オスのかまきりは頭部を失うことによって、刺激に対する反射行動だけに支配され、交尾行動を自動的に反復し生きているときよりも持続させるのである。頭部なしのかまきりは、反射だけでさまざまな行動を取ることができる。交尾だけでなく、捕食行動や、さらには、敵に襲われたときにする「死んだ振り」さえも可能だというのである。死んだかまきりが死んだ振りをする。死が死を模倣するのである。

自分がすでに死んでしまっていることに気づいていないか、あるいは、そのことを忘れてしまっているかのようにして、自分自身を模倣する。存在の根本には、このような時間の間違い、錯時、つまり、アナクロニズムがあるのかもしれない。夢や、そして、そもそも想像力とは、死の先取りではない。そうではなくて、このようなアナクロニズムなのだ。なぜ、無ではなくて存在があるのか。それは、夢見ているからである。自分がすでに死んでしまっていることに気づかずに事物は夢見ている。それが存在である。夢の存在論は、したがって、アナクロニックな時間性によって特徴づけられる。人間学は、夢を通じて事物の存在に触れてしまう。それは非人称の「経験」といってもいい。そこには、模倣する主体の死と引き換えに模倣が生じるのである。それは死を凝態する死であるだろうし、また、アポリネールのシュブラック氏のように壁になりきってしまった視線である。

そこにはまなざしがある。夢は死から発する光なのだ。夢の中ではすべてが私である。いいかえるならば、夢の中のどこからもまなざしは生まれるし、そればかりでなく、夢のなかでまなざされた事物はどれもが「私は……」と語り出すのである。フーコーはいう。精神分析はイマージュをして語らせるところまでいかない。現象学はイマージュを語らせるところまではいくが、それを発話としてのみ扱い、ランガージュとして捉えることはできなかった。イマージュをランガージュとして捉えること。これを可能ならしめるのは、おそらくは、死の光学なのである。

しかし、なぜなのか。なぜ、死がイマージュとランガージュを、あるいは、まなざしとことばとを結びつける位置にいるのか。ここでやはり私たちは、「語ること」にもう少し付き合わなくてはならない。あるいは少なくとも、「文学」と呼ばれる「語ること」に。

文学が求めるのは、すべてをいうこと、どこまでもいい続けることではないだろうか。死ぬまで、いや、死んだ後も語り続けること。たとえば、文学の言語は、このように語ることを可能にする。「私はすでに死んでいる。」生きているあいだにいい尽くすことができず、死んだ後にまで語り続ける言語。文学の言語は、その意味で過剰な反復である。ちょうどかまきりが首を切り取られても刺激に反応して、生命を模倣するように、文学の言語は生を模倣する（ホフマンの『砂男』に出てくる自動人形を、あるいは『フランケンシュタイン』の人造人間を思い起こそう）。文学の言語において「私」と語るものは（もはや）「私」ではない。それは「私」のミミクリなのである。頭を切り取られているはずなのに語り続ける声である。夢、あるいは、私の死とは、このような声に語る権能を譲り渡すことではないだろうか。

それではこのような声は何を語るのか。自分の見たことを、だろうか。だが、声は何を見るというのだろうか。声には、すでにまなざしが賦与（もしかしたら貸与）されているとでもいうのだろうか。おそらくは、声はイマージュを告発する。なぜなら、もしも、若きフーコーがいうように、イマージュが想像力の停止する地点であるとするなら、それは死を欺くものであるからだ。イマージュの不動性は、死を擬態する死んだかまきりの不動性に似ている。それは死を欺くために死んだ振りをするのである。生とはこのような死の欺き、あるいは、欺かれた死であり、自らを思い違いしている死なのではないだろうか。そして、さらにいうなら、生とは死のイマージュなのである。死という存在、働き、というよりも働きの不在であるような存在が凝固し、自らに似たイマージュを生み出す。それが生なのではないだろうか。生と死、イマージュと存在とは、あまりにそっくりなために、私たちはうまく区別できない（まるでヘーゲルの語る存在と無のように）。

夢が昼の残り滓なのではない。むしろ、昼こそが夢の残滓なのだ。昼の光のもとで隠されている夢を顕わにすること、昼の光に掻き消されている別の光によって世界を照らし出すこと。眠るのではない。昼という眠りから目覚めるのである。知覚それ自体がまどろみであるとするなら、物語る声は、何を語ればよいのだろう。

物語る声はその本質においてアナクロニックである。時間を間違えている。ちょうど正しい時間にやってくることができない。それは見たままを語ることができない。見ることと語ることのあいだの均衡は物語る声においては成りたちえない。事物の順序通りに語ることば、ちょうどよいタイミングで到来することばは、描写ないし記述であったとしても、物語ではない。物語る声は、一見、事物の時間的、あるいは、空間的順序に忠実であるように見えたとしても、どこか間違えているのである。物語る声はすでに死んでしまった者たちの声である。それは、ヘーゲルが『精神現象学』で「精神の生」と呼んだ、死を克服する生が発する声ではない。主人と奴隷の弁証法で、敗北しながらも生き永らえる奴隷の発する声ではない。それは、弁証法的な逆転の余地もないほどに敗北した者たちの声なのだ。

おそらくは、フーコーの実存的現象学時代の著作や、あるいは、六〇年代の文学論と、とりわけ『知の考古学』に代表される「考古学的」な著作とを分ける微妙な線は、非人称の語り手の声の質に関わっている。実存的な著作の語り手も、考古学的な著作の語り手も、たしかにどちらも死を通過しているという点では「死後」の声である。しかし、実存的な著作では、ブランショ的な物語る声のアナクロニーが主題と化すのに対して、考古学では、語る声はある安定した時間に身を置いているように思える。考古学的著作は、どこか「精神の生」を引き摺っているように見える。『夢と実存』の序文の語り手はそれ自身すでに死んでいる。しかし、『臨床医学の誕生』の語り手は死を生き延びているように思える。

考古学の語り手は、ちょうど病理解剖学がそうするように、死そのものが対象の内側から生を分離していくさまに沿って語るのであるが、その語り手そのものは死んではいない。いわば、光は死から射し、そのまなざしは死の側からのものなのだが、語る声自体は死者のものではなく、勝ち誇る生者のものだ。見ることと語ることは死によって接続されはするものの、そこから見るところの場所とそこから語るところの場所のあいだの隔たりは、まさに、死によって保たれるのである。それに対して『夢と実存』序文では、語ることを可能にする場所それ自体が、死からのまなざしによってはじめて確保されるのである。

あるいは、こういうべきかもしれない。『臨床医学の誕生』と『レーモン・ルーセル』を、さらに、『知の考古学』と「外の思考」とを分かつものに、私たちは、ここで触れようとしているのである。それは、死と物語る声をめぐるブランショの歩みにどう寄り添うかということと関わっている。フーコーが、というよりも、正確にはフーコーのエピゴーネンたちがアナクロニズムに対して課す禁止命令の妥当性は、フーコーにおけるブランショからの隔たりをどう測るかということに直結した問題なのだ。

アナクロニズムを禁じる思考、ある時代と別の時代のあいだには閾があって、それを跨ぎこしてはならないとするエポックの思考。考古学的なまなざしにはその閾が見えてくるのだという思考。しかし考古学的な非人称のまなざしが遵守しているのはどのような時間順序なのだろう。それはどこに属する時間なのだろうか。果たして死者たちはそんな時間順序を守っているのだろうか。

物語る死者の声は、死後における未完成な何かを表わしている。死において何も完結しないし、完成もしないし、完結もしない。出来事は終わるかもしれない。しかし、それは完成しないし、完結もしないからこそ、物語る声は語り続ける。出来事は終わるかもしれない。しかし、それは完成しないし、完結もしない。人間の有限性とは、まさに、この、どんな終わりも完結ではないというところにこそある。終わりと完成が一致するというようなタイミング合わせは人間にはできない。これが有限性である。このような有限性は、バタイユやブランショがヘーゲルからその核心として取り出してくるものにほかならない。語られたものとしての物語、そのプロットだけをとってみれば、出来事は終わるし、完結さえするかもしれない。しかし、物語とは別に、物語る声は語り続けるだろう。物語が終わろうが、語り手が死のうがお構いなしに、物語る声は呟き続けるのである。『精神現象学』の語り手は、精神の運動を記述するのではなく、物語ってしまう。その結果、呟きをそれは排除することができなくなり、精神が最後まで行き着いた後も、物語ることを止められない。

物語る声は、物語が終わったあとも続くこの呟きの反復であり、そして、フーコーが言表と呼んだものは、ドゥルーズによれば、この呟きにほかならない。世界を満たす、語り手を失いながら繰り返され続ける、何をいっているのかも判然としないぶつぶついう呟き。考古学的なまなざしがしばしば見失うのは、この呟きである。考古学的なまなざしは終わりと始まりとを確定するために、タイミングに心奪われる。だが、物語る声、この呟きは、物語の始まりと終わりとは、つねに一致しえないのだ。考古学的なまなざしは、世界の散文ならぬこの世界の呟きのための場所をどこに取っておくことができるというのか。

初期のフーコーにおけるロマン主義的傾向とされるもの、フーコー自身を含め多くのものから批判される狂気や文学へのまなざしを、もう一度採り上げるべきなのだ。フーコーが『知の考古学』で自らの著作の瑕疵と見做すものは、分類についての分類、分割の分割の失敗である。理性と非理性、理性と狂気、正常と異常等々、さまざまな分割し分類する身振りそれ自体をきれいに分類すること。「ロマン主義的傾向」は、それらの分類の分類をかき乱すのである。「ロマン主義的傾向」は、分割や分類の身振りに対する批判を、ある分類において他者として排除されるものの側から、そのような他者への同一化を通じて行うものである。それはたしかに批判されなければならない面を持ってはいる。しかし、あえて、この「ロマン主義的傾向」に拘泥したい。たとえば、『言葉と物』の序で言及される失語症者を考えてみよう。色のついた毛糸を分類することができない、というか、どんな分類をしてもそれを一時的にしか維持することができないあの失語症者である。フーコーは『言葉と物』では「経験」とりわけ「生のままの経験」という現象学的な用語を保っていた。『言葉と物』全体はこの「経験」に触れているはずであり、それは「失語症」という「病」によって照らし出されるのであった。だが、『言葉と物』という書物はその（分類についての）分類の見事さで人々を魅了したのであり、しかも、この「経験」ということばは、その後『知の考古学』で否定されるにいたる。

しかし、むしろ、私は、フーコーにおいて分類に抗うもの、分類を挫折させるものを探りたい。つまり、この「生のままの経験」であり、世界の呟きである。そのためには、見ることと語ることとを分離させつつ接触させる(まるで膜組織のような)死ではなく、『夢と実存』の序文で仄見えていたような死の想像力を再びドイツ・ロマン主義にまで遡って検討しなければならない。ヘーゲルの中で呟いているヘルダーリンの声に耳をそばだてながら。

[二〇〇〇年一月]

この社会の中で、人は誰も一定のポジションを占めて生きている。日本人、男、教師、異性愛者、あるいは、移民、失業者、共産主義者、等々。私たちは、ただ単に、あるポジションを占めているばかりではない。たいていの場合、自ら執着しているのであれ、強いられてであれ、そのポジションを——一定の期間——占めつづける。個人は、ポジションへと繋縛される。それは、何がしかの命令に従属することを意味している。その命令に従いうるかぎりで、そのポジションを維持しつづけられる。それに従いえなくなったとき、人はそのポジションを失うだろう。そして、そのポジションには別の人間がやってくる。

社会はこのようにして再生産される。社会は、個人に対して、あるポジションを占めるように、自分の命令に従うようにと呼びかける。どの個人も、一定の期間しか一つのポジションを占めることはできない。どれほど長くても、その誕生と死によってその期間は区切られる。誰か特定の個人によって永遠に占有されるポジションというものはない。

社会とは、このようなポジションの集合体ないしネットワークであるといえるだろう。ポジションは疲れをしらず、それどころか誕生も死もしらない。そのポジションを占める個人の交替、生と死を超えて、ポジションは存続しつづける。このような疲れをしらぬ存在、消え去ることのない存在と自らを同一化させること、これが今日の社会に生きる私たちに課せられた定言命法ではないだろうか。

私たちは、この社会で一定のポジションを占めるかぎりで、つまり、何者か what, something であるかぎりで、他人と交換可能なのである。そうであるとするなら、私たちがもっとも個別的であるのは、むしろ、何者でもないときなのではないだろうか。私たちが何者でもなくなったとき、そのとき、私たちは誰とも交換できない生を生きている。

私たちがポジションを失うのはどのようなときだろうか。ポジションの命令に従えなくなるのは。それは、たとえば、疲れをしらないポジションについていけなくなるとき、疲労の極みにおいてである。疲れ果て、眠りに落ちていくとき、私たちは自分のポジションからずり落ちそうになる。定められた就寝時刻に従い、あてがわれた——ふかふかの、あるいは、こちこちの——ベッドでの眠りなら、それはむしろ、疲労する身体の否定であり、労働者としての明日の労働のためポジションが命じる命令に従っているともいえようが、作業の途中で不意に襲ってくる眠気は、個人とそのポジションのあいだの裂け目を示している。ポジションと区別される個人が初めてそのとき顔を覗かせるのである。

疲れしらずで、今日と同じ明日をいつまでも繰り返すことができる社会的な、ポジションの生に同一化することに倦み疲れて、個人は自己自身を享受し始める。そこには社会的な生とは別の生がある。

社会的な生は、命令という言語行為によって他のポジションと結ばれたポジションの生にほかならない。あるポジションを占めるということは、他のポジションに対して命令せよという命令に従属することである。命令への命令抜きのポジションなど存在しない。たとえば、教師というポジションを占めるということは、「私を教師として受け入れよ」と他のポジション、つまり、学生やその親たちに受け入れさせることを含んでいる。もちろん、自分のポジションが含意している命令のすべてに自覚的であることはできないし、それどころか、自分が占めているポジションがいったい何なのかもふつうは、まずわからない。

自我ないし「私」というのは、このようなポジションを引き受ける、遂行性のエージェンシーなのだ。それに対して、自己というのは、遂行性から脱落していく存在、いや、むしろ、遂行性からの脱落そのものだというべきだろう。遂行性からの脱落そのもの、それは、享受であり、社会的な自我とは別の生、つまり、自己なのである。そして、それが疲労なのだ。

おそらくすべての存在は、疲労においてその自己を享受する。自己は、それ自身では何も語れない。疲れ果てて眠りに落ち行くところなのだから。それは、ただ自我から表象されることしかできない。ちょうど夢や無意識が、直接それ自身を語ることができなくて、自我を通じてしか何も表明できないように。

社会が自我によって構成されるのだとしたら、共同体は自己によって構成される、といっていいのではないか。そうだとすると、社会が命令の伝達によって形成されているのに対して、共同体を形成するものは何なのだろうか。自己と自己とは何をコミュニケートし、何を共有しているというのか。おそらく、共同体においては、人々が自我から自己へと落ちていくことが共有されるのである。何もできないということが、何者でもないということが、伝達されていく。

したがって、共同体の始まる場所は、社会から誰かが脱落していくところである。たとえば、個個人があらゆるポジションから脱落していく、「死にゆくこと」がそうである。死にゆく者を前にして、人々には何ができるというのだろう。もちろん、それぞれのポジションで最善を尽くす人々がいる。医者、友人、家族、それぞれのポジションから、できること、しなければならないことを可能なかぎり行おうとするだろう。しかし、死にゆくことそのものに対しては、誰も、何もできない。社会は、死にゆく者に対して、さらには、すでに死んでしまった者に対してさえ、何ごとかを為すように、私たち、生き残る者に命じる。だが、私たちは、最終的には、何もできないのだ。死にゆく者から死を取り除いてやることなどできないし、また、すでに死んでしまった者に対しても、社会的に取り決められた儀礼によって本当にその怒りや恨みを鎮めてやれるかどうかもわからない。

私たちは、そのとき、最終的に社会の命令に従いえなくなる。何かをせよ、といわれても、それは不可能なのだから。まさにそこから、共同体が始まる。

共同体は、何よりも、私が何もせずに死のうちに見捨ててしまった者との関わりにおいて構成されるものなのである。たとえば、湾岸戦争で塹壕に生き埋めにされたイラク兵たち、熱帯雨林の開発のために殺されるプランテーションの労働者や先住民たち、あるいは、商品があふれかえるハイテク都市の路上生活者たち。社会は互いに命じ合い、貢献し合う者たちによって作られる。互いの貢献を持ちより、交換することによって社会は維持される。

いま、私たちの社会は、確実に、一定数の人間を見捨てつつある。私たちの社会は、それへの帰属の原理をますます交換の能力へと絞り込んでいるように思われる。つまり、その成員が互いに交換しつづけられるかぎりにおいて、交換せよという命令に従いうるかぎりにおいて、社会への帰属が認められる。交換しつづけられなくなったなら、死へと打ち捨てられるのである。死へと見捨てられた者と、私たち「先進国」ないしメトロポリスのグローバル・プチ・ブルジョワジーとのあいだには、したがって交換関係は存在しない（一方的な収奪はありえても）。

それにしても、死にゆくことは、どこで起こるのか。それは場所を必要とする。死にゆく者は、誰かに受け入れられ、看取られなければならない。そのための場所が必要だ。その場所は誰が取っておくのだろう。誰が死にゆく者を迎えいれるのだろう。死にゆく者が身を横たえるための地面、暖かさ、渇きを癒す水、呼吸のための空気。それらの場所を死に行く者のために譲る者がいなければならない。死にゆく者がその中に身を沈めるためのエレメントであり、そこで、死にゆくことが自己自身を享受する。床をしつらえ、火を焚き、水を汲み、風を入れる。このように誰かによって場所が用意されることで、誰か他人に身を委ねることで、辛うじて死にゆくことはこの世に現われる。人が生まれるときと同様、死にゆくときも、無力であり、誰かが傍らにいなければならない。

おそらく、私たちの社会が死者から奪いつつあるものは、このような死にゆくこと、自己の享受としての死である。死者が死にゆくために必要なエレメントを奪ってしまったのである。ある死者は熱を奪われ、寒さの中に放置され、別の死者は風と水を奪われ、あるいは、横たわるための地面を奪われる。しかし、それでも死者たちは自らの死を死なねばならず、死にゆくことを享受するためのエレメントを奪われ、それを差し出してくれる他者を奪われたとしても、どれほど僅かであっても、それを自らのものとする。つまり、自己となる。自己であることとは、今日、抵抗の核心を構成するものなのである。

共同体とは、したがって、抵抗の伝達、ほとんどその感染というべきものである。私たちは、社会の周縁にいる者たちを見捨てた廉で告発されている。いいかえるならば、共同体に参加しなかったという罪科で。私たちは社会の一員であろうとして、つまり、有能な、遂行的な自我としての同一性に執着して、自らの疲労を、老化を、死にゆくことを否認する。自己の享受を否定するのである。

私たちは自我であるかぎり何も享受しない。自我は、何かの目的のために何かを使用し、消費するだけだ。自我は志向的であり、その対象をもっている。何かを目指し、何かのため、という構造を、自我は備えている。しかし、自己には対象がない。いいかえるならば、享受には対象がない。地、水、火、風、これらのエレメントは、享受されるが、しかし、対象として求められるのではない。それらのエレメントは、あまりにも私たちの身体と一体になっているので、対象として目指され、あるいは、手で摑まれるということがない。それは、世界を満たすバックグラウンド・ノイズが、私たち自身の身体においても、心拍や血流、内臓の運動などによって生み出され、身体の内部と外部とを通底して響き合っているのと同じように、鼓膜が外界の振動と共振して初めて私たちが音を聞けるのと同じように、エレメントは私たち自身、私たちそのものと一つなのである。そこには同一化の動きさえない。私たちがエレメントであるのは同一化の結果ではない。

同一化は自我を支えるメカニズムである。自我は、ポジションに対して同一化する。ポジションに付随する命令をきき、それに従って命令を発する。遂行的な発話が備えている力能は、まず、語り手が聞き手として命令に従いうる、というところから由来する。命令に従いうる存在だけが命令を発しうる。同一化こそが、おそらくは、人間が最初に発揮する能力なのである。同一化しうる存在、それが、さまざまな「私はできる」へと向かって開かれていく。「私は死ぬことができる」ということさえも、同一化を抜きにしてはありえないだろう。同一化を通じて可能性というものが、具体的に何ものかによって担われる。

自己は、こういった同一化からの脱落であり、一切の「私はできる」の喪失である。それは「私」と語ることさえもできない。これは、頽落態としての「ひと」、誰でもない誰かであり、つねに、私とは別の誰かでしかないような「ひと」であるのだろうか、あるいは、単なる生ないし剝き出しの生であるのだろうか。いや、単なる生とは、むしろ、社会的な、再生産に組み込まれた生、つまり、自我の方だといおう。

自我はポジションと一体となっている。そのかぎりで、自我は自らの疲労も、さらには、死さえも否認しているのだ。それは、生でしかない生であり、有限性の否定であるといってもいいものなのだ。ポジションへの同一化によって、自らの有限性そのものを殺した存在、それが、自我なのではないだろうか。自我（私、一人称）には、もちろん、その対話の相手としてあなた、二人称が存在する。二人称なき一人称はありえない。そのかぎりでは、他者の存在を知っているのは自我の方で、自己は自分自身のうちに充足して安らっているように見えるかもしれない。自我の方がむしろ有限で、自己こそが有限性を否定しているように思われるかもしれない。

だが、そうではない。一人称と二人称のあいだの交替可能性は、相互の命令によって一つの閉域をかたちづくるだけである。それが開かれるためには、三人称の導入が必要なのだ。ただ指示対象として言及されるだけであって、自らは発話のイニシアティヴをとりえない存在、そのような三人称、つまり、自己である。自我が複数集まっただけでは、それは、発話の位置を現に占めている者と、その位置を可能的に占めうる者しか、そこには存在しない。それでは、現実態と可能態という違いはあるものの、実は、皆同じポジションにいるにすぎない。そこに差異が持ち込まれるのは、いいかえるならば、外部へと曝されるのは、それ自体として語ることができない自己へと、誰かが滑り落ちるかぎりにおいて、ポジションを失って自我ではなくなるかぎりにおいてなのである。

自己の享受と共同体の存在、このふたつは相互に構成的であり、そこにこそ有限性が存在する。自己の享受においては、生まれることと死ぬこととが見分け難くなる。享受においては、生きることが、即生き延びること、生き残ることである。そのような生は何よりも生き延びてしまうのかというと、それは、自分自身である。自己とは、同時に自らの死であり、かつ、誕生なのだ。享受とは、自らの死を生き延び、自らの誕生に立ち会うことである。それはほとんど夢のようなものなのだ。すべての存在は、自己であるかぎりで夢見ている。そして、そのような（非あるいは前）存在に対して呼びかけ、（存在へと）呼び出すということは、無理矢理その眠りから覚ますことに等しい（産業化と国民化の時代に、フランケンシュタインが怪物に対してそうしたように）。自己から自我へと目覚めさせられた存在は、朽ちゆく肉体と、疲れをしらぬコミュニケーションのシステムの狭間で引き裂かれる。そして、叫ぶだろう、もしも、私に完全な存在を、永遠の生を与えられないのなら、せめて、私を朽ちゆくに任せよ。この叫びは、何も、自我の口を通じて自己が叫ぶばかりではない。いくら揺すっても、耳もとで大きな声で呼びかけても、一向に目を開き、起き上がろうとしない者は、自己の享受に執着し、そのことによって、自我による、自我への呼びかけに抵抗しているのであり、それは、自己の叫びなのである。

このような自己の叫び、享受のあげる叫びが、コミュニケーションのシステムである社会に亀裂を入れる。この叫びは、私たちの社会に対する一種の贈与であるのだが、それは返答する宛てもなく、社会にとってはただただ過剰であるよりほかはない。自己の叫びは、呼びかけと応答の繰り返しからなるコミュニケーションにおいて配分されたポジションの集合であり、その意味で可能な発話者たちの集合であるこの社会にとって、応答しえない問いかけとなる。なぜなら、自らを享受する者は、誰の返答をも聞く耳をもたない――もし、私たちの呼びかけに応じて相手が目を覚ましたとしても、そのとき、私たちに応答したのは、相手の自我であって、自己ではない――からであり、最終的には（もちろん、最終的、に過ぎないが）、自己は誰かの返答を必要としているわけでもないからである。そのような仕方で、自己は外へと曝露されているのである。

社会が処理しきれない、享受のこの過剰さの周りで、共同体が始まる。

［二〇〇〇年三月］

イメージ――社会の残りもの

共同体は社会と対立する。そう私たちは主張してきた。共同体とは、社会からするなら、一種の残りもののようなものなのだ。それは、共同体が社会よりも遅れているとか、あるいは、よりプリミティヴだということではない。むしろ、共同体とは、社会から「社会的なもの」が差し引かれた残りだという方が正しいだろう。

それでは、共同体とは、社会契約論者が想定するような「自然状態」のことなのだろうか。そういえなくもない。ただし、その「自然状態」とは、ロックが考えたような平和的なものではなく、ホッブズ的な戦争状態、社会の解体としての「自然状態」である。近代的な社会はいつでもその「自然状態」によって脅かされている。産業化、都市化、そして、今日であれば「グローバル化」が、「自然状態」を、具体的には都市の群衆というかたちで可視化されるものとして、生み出し続けてきた。この「自然状態」からの保護、安全の確保が、国家の政治の基本にあるだろう。

社会契約論的な思考は、原則的に、社会の総体を国家に包摂させようとする。あるいは、社会を国家として措定しようとする。そのような国家＝社会では、個人の生はすべて、国家としての政治、国家＝政治に譲り渡される。そのかぎりで、人間とは市民以外の何ものでもなく、逆にいえば、市民でないものは人間ではない（たとえば、ホッブズがいうように、市民ではない人間、いいかえるならば、ただの人間でしかない人間は、狼である）。市民は、ただの人間、人間でしかない人間、つまり、人間＝狼たち（そこには自分自身も含まれる）からの保護を国家＝政治に求める。それが社会契約であるだろう。

おそらく社会契約において問題となるのは、国家＝社会に市民として自らを譲り渡した後にいったい何が残っているのかということである。抵抗権や革命権と呼ばれるものの問題である。社会契約によって、本当に生のすべてが社会のもとに包摂されてしまうのなら、合法的な手段に基づく抵抗以外は認められないし、革命などに正統性はありえない。そして、社会の防衛は市民にとって重要な責務となる。

しかし、私たちはつい先ほどこう書いた、近代社会はつねに「自然状態」に脅かされている、と。都市群衆、あるいは、マルクスのいう「労働予備軍」、（相対的）過剰人口は、私たちの社会によって不可避に、かつ、不断に生み出されている。それは、つねに反復される本源的蓄積と絶えざる労働過程の合理化によって、私たちの社会の存在そのものの核心に位置している「自然状態」である。

私たちの社会は、社会の解体（作用）を前提として初めて存在しうる。別ないい方をするなら、私たちの社会は、社会の解体をその内容とし、国家をその形式とすることで存在している。国家＝社会とは、国家という形式を与えられた「自然状態」なのである。

「自然状態」において、人々は、同じもの、ないし、似たものへと還元されている。戦争状態は、似たもの同士のあいだに生じる。社会契約＝国家形成は、人と人との関係を絶対君主と臣下、社会と個人というような、似ていないもののあいだの関係に置き換えるのであり、そのことによって戦争状態を終焉させようとする。互いにあまりに似ているので（自分自身の存在を除けば）何も交換すべきものがない者たちの関係を、類似の禁止によって、交換が成り立つ関係へと変貌せしめ、均衡をもたらそうとするのである。

ところで、『人間の条件』のアーレントは、人間が同じ存在であることの前提条件として私有財産を考えていた。それは、アーレントの理解するポリス的秩序において、私有財産の問題は、所有物の多寡というような量的な差異ではなくて、世界の内に自分の持ち分をもっているかどうかだからである。しかし、カール・シュミットは、世界の内に自分の持ち分をもち、場所を占めるということを可能にする最初の土地取得の暴力性を、『大地のノモス』で、（とりわけアメリカ大陸に関して）はっきりと描き出している。互いに同じ存在であること、人間が人間に似ている存在となること、それは狼になることなのである。

人間の社会から（たとえば森へと）追放された人間は狼になる、という伝承がヨーロッパにはあり、それをふまえて、ホッブズは「人間は人間にとって狼である」というわけなのだが、彼の同時代に、社会から追放された人間たちの世界とは、もちろん、植民地暴力の世界、「新世界」であった。

逆説的にも、人間でしかない人間とはもっとも非人間的な存在である。人間は、人間ではない部分（つまり、社会によって形成される部分）によってかろうじて人間的でいられる。社会から追放された人間は、ただの人間でしかなくなってしまう。ただの人間とは何か。それは人間に似ているということ、人間への類似そのものでしかない存在である。人間狼というのは、このようなかたちで社会から解き放たれてしまった、純粋な類似、「人間に似ている」ということである。植民地暴力においては、殺すものも殺されるものも、その暴力の瞬間において、互いに似たもの、互いに何も交換するものがない類似、人間への似姿に還元される。

人間を「人間への類似」に、つまり、イメージ、（似姿）に還元してしまう暴力が、世界の内に人間が住まうことの前提条件なのだ。しかし、これはあくまで前提条件にすぎない。世界の内に住まうこととは、人間が人間的になること、類似以外のものに、イメージ以外のものになることを意味している。

生活世界の内に住み込むとき、人は、イメージから離脱する。生活世界の中で、道具を用い、他人に命令し、あるいは、他人に服従するとき、私たちはイメージをもったり、イメージに働きかけるのではない。若き日のフーコーが、ビンスワンガーの『夢と実存』の仏訳への序文で論じていたように、イメージとは、ある不動性に結びついており、想像力の働きでさえ、イメージにおいてはすでに破棄されている、あるいは、むしろ、枯渇している。

私たちは、ノブを摑みドアを開けるのにも、そこの道を右に曲がるのにも、想像力なしでは何もできない。知覚だけでは世界を把握するのに十分ではないからだ。さまざまな道具連関に我が身を埋め込み、道具を使いこなして生きていくためには、想像力は不可欠である。想像力は、私たちの活動を導いていく。しかし、イメージは、そのような作用の枯渇であり、その意味で、生活世界の道具的連関からの、つまり、社会からの追放なのである。

したがって、私たちは活動していくためには、イメージをそこに置いてけぼりにしなければならない。そこ、それはどこだろうか。それは、たとえば夢であり、あるいは映画であり、そしてまた（都市の「危険な階級」としての）プロレタリアである。

イメージ、それは、「自然状態」に国家という形成を与えることなしに、社会の解体を保持しつつ、それを延長し、生きる形式ではないだろうか。世界の内に自分の持ち分を所有するのではなしに、それにも関わらず、互いに似ており、平等であるような瞬間として「自然状態」を捉えようとするなら、それは、世界から置き去りにされたイメージの集積として考えられるだろう。革命とは、世界の到る所からイメージが溢れ出してくる経験である。イメージ空間が世界を押し退けるのである。

イメージの集積、しかし、それは、まさに資本主義の極限としてのスペクタクル化のことではないのだろうか。すべてのものがイメージとなって、集積・蓄積される疎外・物象化の極まった社会。いいかえるならば、人間が他の人間と関係する能力、コミュニケーション能力それ自体が物象化されて、スペクタクルとして自律化し、資本と国家のコントロールのもとにある社会である。そこでは人は、商品による媒介なしには他人と全く関係をもてなくなっている。

したがって、イメージは使いこなせないどころではなく、資本によってとことん利用されている。イメージの摑めなさが、まさに、欲望を消費へと繋ぎ止めるのである。スペクタクル化されたイメージは活動を枯渇させるのではなく、むしろ、活動をつねに可能な状態に維持しようとする。身体を道具的連関の内に組み込んだままだ。ヴァーチャル・リアリティと呼ばれる技術は、イメージを摑める道具に変えようとしている。ゴーグルをかけ、グローブをはめれば、イメージを摑むこともでき、そして、そのイメージを通じて現実に世界に働きかけることもできるようになる。

私たちは、イメージから「似ている」という不気味さを取り除こうと躍起になっているのだ。イメージを摑むことで、「似ている」をやり過ごそうとしている。人間のイメージはもはや狼ではなく、ある場合には憎むべき独裁者であり、またあるときには哀れな犠牲者である。どちらにせよ、それは、私たちに似ていないし、私たちの存在を脅かさない。私たちは、それらのイメージと、敵対的なものであれ、援助というかたちであれ、交換関係にはいることができるのである。

いや、私たちが交換関係にはいるのではない。正確にいえば、スペクタクル化された社会では、私たちのイメージが他者のイメージと交換し、コミュニケーションする。ちょうどロール・プレイング・ゲームのように。

イメージとイメージのコミュニケーション、それは、電子化され、ディジタル化されたスペクタクルによって可能にされた。まるで、映画的な、光化学的な過程に対するルサンチマンでもあるかのように、人間がイメージ空間に介入していったのだ。というのも、映画は、運動（の記録）から人間的なものを追放していく技術であったからである。

映画においては、人間は自分自身から追放され、人間的な時間とは違う時間に投げ入れられる。演劇が演じる者と観る者のどちらにとっても同じ生きられた時間の共有によって可能になるのに対して、映画では、被写体となった人間も、観客も、それぞれが、生きられたのではない時間、しかも別々の時間を経験することを強いられる。撮影の時間、現像の時間、編集の時間、映写の時間という、この映画的な時間の複数性と不連続性が、生きられた時間とは別の時間を可能にする。映画が可能にするのは、吸血鬼と人間のあいだの恋のような、現在を共有しない者たちの共同体である。固有の現在をもたない者たちの共同体。

映画は現象学的なキネステーゼの時間性から人間の身体を解放した。クライストが描いたマリオネットの身体を人間は獲得したのだといってもいい。映画において運動（キネーシス）は求心的―遠心的というループからなる自我の中心性を脱臼させる（アラン・レネの、観客の運動感覚からずれたリズムで動き、わざと苛立たせるようなカメラ・ワークを思い起こせばいい）。

しかし、ちょうど、コッポラの『ドラキュラ』で、電信という、リアルタイムを志向する電子テクノロジーによって吸血鬼が追いつめられていくように、電子的・ディジタル的メディアによって可能にされる「現在」のヘゲモニーが、そのような共同体を駆逐しようとしている。映画はイメージを想像力から解放した。それに対して、ディジタル・テクノロジーはイメージを想像力に従属させる。たとえば「人道的介入」という想像力に。あるいは、監視カメラによる犯罪の事前摘発という想像力に。存在論的なセキュリティのためにイメージを取り込み、運動をコントロール可能にしようとするのである。

セキュリティと人道的なるもの、それが、現代の、「現在」のグローバル化された社会契約の対象である。

セキュリティへの志向は、けっして社会から「自然状態」を追い払うわけではない。それは、せいぜいが「自然状態」に形式を与えるだけである。その形式は、しばしば「犠牲者化」と呼ばれるようなものになる。つまり、加害者／被害者という関係を当てはめて事態を物語化し、理解可能にしようとするのである。国家や国際機関、NGOなどのエージェンシーがそこに介入し、「犠牲者」を「保護」するのだが、その保護自体がそのようなエージェンシーへの依存関係の再生産となったり、あるいは、NATO軍によるコソヴォ空爆のように、むしろ、「保護」するはずの人々をいっそう窮境に追いやりかねない。

これは、人々の生の存続があたかもすべて国家＝政治、あるいは、グローバルな「人道的」政治の結果であるかのように、すべてをスペクタクル化された政治の内に包摂しようとすることの必然的帰結であるだろう。人々の生、あるいは、その運動があたかも、TVモニター上で走査線によって生み出されるように、あるいは、CGのプログラムにしたがって作り出されるように、グローバルでスペクタクル化された政治によって可能になったというかのように。

そのような政治によって人々の生から奪われるのは、それ自身の持続であり、運動である。つまり、コナトゥス、自己保存への執着の問題である。

コナトゥスは、レヴィナスのような人にとっては、存在論という全体主義、帝国主義の根底にあるものであって、暴力の根源である。たしかにホッブズにとって自然状態が戦争状態であるのは、このコナトゥスのゆえである。

けれども、ここで、コナトゥスにおける平等を積極的に語ることはできないだろうか。人間が、世界の内に持ち分を所有することにおいて平等であるのではなく、むしろ、そのような所有の前提である。世界から追放され、剝き出しになり、ただ自分自身の存在にだけ執着しているというところから平等を考え直すことはできないだろうか。

コナトゥスを、まさに自分自身の存在にしか執着しないものとして理解するとしたらどうだろうか。いいかえるならば、他の存在に対しては一切作用しないような力としてコナトゥスを理解できないだろうか。もちろん、力学的なエネルギーの保存として考えるならば、衝突などによって、力は別の物体、別の力に作用する。そして、このような力と力の関係は、演劇における俳優と観客の関係にも適用できるだろう。しかし、映画における観客が被る力、それに、観客が行使する力はどうだろうか。映画がもっている、観客に対して無感動でありながらなおかつ観客に働きかける力をどう理解したらいいだろう。

イメージの不思議さはここにこそある。モンタージュによって、映画の中であるシーンがその前のシークエンスとのあいだでもつ関係、それはたしかに力と力の関係ではあるのだけれど、力学的な関係ではないし、また、必ずしも物語的なつながりをもつわけでもない。パゾリーニなら「自由間接話法」と呼ぶような関係が、イメージの論理の基本にはある。

社会の中の人間と人間の関係は、いわば力学的なものであって、一方が能動なら他方は受動である。これは対話であっても変わらない。一方が話しているとき、他方は聞かなければならない。ところがイメージ、とりわけ、映画の中に組み込まれることによって、作用する現在から切り離され、遂行的な力が中和されてしまったイメージは、力学的ではない力関係に入り込む。

コナトゥスというものを、このようなイメージの論理から理解すべきではないだろうか。少なくとも、映画は、コナトゥス、つまり、運動の持続を、人間がそれまで知っていた力学的な因果関係から解放してしまった。カール・シュミットは主権者による法の停止＝例外状態の創出を、神による因果法則の中断である奇跡に対応するものとして語っていたが、それをいうなら、映画とは、ベンヤミンがチャップリンについていっているように、そのような因果法則の中断された世界にほかならない。それは「常態 rule としての例外状態」に対する真の例外状態である。

常態としての例外状態、つまり、持続する自然状態において、そもそも事物はいかに存続するのか。人間はどのように生き続けるのか。社会から追放され、世界から引き剝がされた者たちがそれでも自らの存在に執着し、そして、その執着だけを手がかりにするとき、常態としての例外状態から区別される真の例外状態として、イメージ空間が開かれる。

世界を占拠するのではなしにイメージ空間を占拠すること。モンタージュによって可能にされる、力学的でない持続に身を晒すこと。

ディジタル・テクノロジーが華々しく謳いあげる双方向性などというものは、イメージの関係を再び力学的な因果関係に引き戻そうとする反動にすぎないし、リアルタイムとは、すべてを都合よくタイミングあわせすること、要するに一切を「やらせ」にしてしまうことである。「やらせ」というのは、そのときに写っていないはずのものが写っているということであるのだから、それは、時間化、現在へと持ち来たらすことの本質以外の何ものでもない。いいかえるならば、技術の本質とは「やらせ」なのである。出来事の生起と私たちの現在とが、力学的な衝突の瞬間として、一致することである。

しかし、出来事は「起きた」としかいうことができず、「出来事が起きる」という現在形は、現在に言及しているわけではない。出来事のポテンシャルは、非力学的で、非現在的なかたちでしか表現できない。たとえば、レネの映画（『夜と霧』、『ヒロシマ・モナムール』、『ミュリエル』）では、戦争という出来事の過去と現在のあいだの非力学的で断絶的な持続が執拗に表現される。

出来事に立ち会うことは社会から放り出されることであって、社会を成り立たしめている力学的な因果関係の中断を経験することにほかならない。なぜなら、それは力学的な力の伝達に必要な現在という瞬間を欠いているのだから。したがって、そのような経験はイメージを通してしか表現できない。真理を語る記述文でも、命令のような遂行的発話でも、伝達することも分有することもできない。人間はそれを語れない。

人間に似たもの、人間のイメージ、人間狼が、その持続を通して、非力学的に持続する力でもって、社会の中では表現できないものを、出来事を表現しているのである。それはきわめて映画的なことだ。人間のイメージは、したがって、社会を可能にしてきたもの、法を可能にする暴力の表現なのである。そして、私たちは、その表現における平等、表現であることの平等さから、社会とは別の政治を始めたいと思う。

［二〇〇一年一月］

生は語ることができるか――生－政治の次元における抵抗

私の九〇年代はアガンベンの発見とともに始まった、といってよい。たしかに、フランスの『クリティック』誌のイタリア哲学特集号で、その名は知っていたけれど、「弱い思想」のヴァッティモや、あるいは、フランコ・レッラを少し読んだくらいだった。それが、たまたまアガンベンの英訳を洋書屋（その当時、おそらく日本で最高の選択で英語の本を揃えていた、神保町はすずらん通りの東京堂書店である）で見つけて読んでみた。たしか『スタンツェ』の英訳だったと思う。八〇年代に、英語で最も刺激的な本を送り出していた、ウラド・ゴジック監修の「文学の理論と歴史」叢書の一冊だった。そして、そのころ立て続けに出たほかの英訳も読み、やがてイタリア語の原書も手に入れていった。

ハイデガーとベンヤミンとがとんでもない強度で、圧縮された記述の中でぶつかり合い響きあう。その現場に立ち会ったわけだ。そしてそこで問われているのは、言語の存在であった。

言語が存在するとはどのようなことか、という問いそのものは、それまでも取り組んできていた。フーコーを理解するために、とりわけドゥルーズのフーコー論に導かれて、可視性との連関のもとで、しかし、フーコーによるマグリットやルーセルの分析に見られるように、言葉が意味に譲ってしまってそれ自身は透明となってしまうその手前で、いわば、言葉自体の可視性をあらわにするかたちで、あるいは、『言葉と物』の序文で、メルロ＝ポンティの『知覚の現象学』を引きながら失語症者が色のついた毛糸玉を分類する／できないさまを通して（そのころのフーコーは「生のままの経験」とか「野生の存在」というメルロ＝ポンティの思考の圏域に引っ掛かっていたし、それが必ずしも悪いことだとは私は思わない）考えていた。それはウィトゲンシュタインがアスペクト知覚について論じるときに持ち出す、あの「ウサギ－アヒル図式」のようなものだ。たといこの絵がウサギにもアヒルにも見えることを知っていたとしても、ウサギが見えているときにはアヒルは見えず、アヒルが見えているときにはウサギは見えない。ウサギとアヒルは互いに相手を、蔽い隠すようにして見えなくしているわけではない。それどころか、ウサギとアヒルは同じものである（とさえいいたくなる）。アヒルが見えているとき、たしかにウサギはそこにいるはずだし、ウサギが見えているときアヒルもそこにいるはずである。そこにあることの不思議さ。そして、同じである、というときの「ある」、「存在」。言語の存在と可視性とはウサギとアヒルのように同じであり、存在である。

だが、まさに「同じである」といいうるために、それ自身が自らを反復する場所、ウィトゲンシュタインであれば、ウサギとアヒルの差異が語られるまさにその場（ならぬ場）としてのアスペクトに相当するものは何であろうか。言語と可視性、言葉と物のあいだの差異はどこに生まれるのか。それは、たとえば六〇年代のフーコーなら、類似の配分の空間、放浪・遍歴する類似とそれを捕捉し固定する機械ないし装置が作動する空間（あるいは余地）として把握されていたといえよう。

それに対して、（ヘーゲルを読む）ハイデガー（を読むブランショ）ならば、この差異を、端的に

「死」と呼ぶだろう。こ（れら）の思想家にとって、言語の存在と死は、切り離すことができない。私たち人間が死すべき存在でなかったとしたら、私たちは語る存在でありえただろうか。アガンベンが、たとえば『言語と死』で問うのも、ハイデガーにおける言語と死のこの結びつきである。生は言語の中に入っていけるのか。たとえば最も端的な生、生きられたものとしての体験は言語で表現できるのか。生の哲学ならば体験こそ詩の根源にある、というだろう。えもいわれぬものこそが語られるに値するのだと。だがベンヤミンなら、体験は語れない、というだろう。生は、物言わぬ幼年期としてのみ言語にかかわることができる。

このようなアガンベン、そして、彼に導かれたハイデガーとベンヤミンの理解から、私は、言語への問いは不可避に生の哲学を追い払う、二十世紀哲学における言語論的展開とはまず何よりも生の哲学からの転回であり、生への問いは言語への問いと両立しえない、という結論を引き出した。たとえばアーレントが『人間の条件』で描き出した、ゾーエーとしての生の否定的な性格を極端化して、生全般をおぞましいものとして嫌っていたわけだ。ここにまとめられた文章にほとんどドゥルーズの影がさしていないのは、こういうことから来る。九〇年代の私には、ドゥルーズの生の哲学は受け入れられるものではなかったのだ。

生‐政治にしても、フーコーとアーレントをつなぎながら、政治的なものの領域を生命が乗っ取った結果が国民国家化であり（このこと自体はおそらく間違っていないが）、また、社会というのはそのような生命が公共空間を乗っ取ってしまった後の人間と人間の関係であって、しかもそれはつねに内的な懐疑と不安を抱えていて（「社会は実は存在しないのではないか、本当に存在するのは無秩序だけではないのか」）それに対して「いや、そうではない、社会は存在する」と答えるための装置として取締りが存在していると考えていた（これも決してすべて間違っているわけではない）。問題は、政治的なものの再興は、政治や公共空間から生命的なものを駆逐し、生から純化することによってのみ可能であると考えていたことである。

だが、今世紀に入ってから起きたことは、生‐政治のいっそうの進展だった。

この連載を始めたときも、すでに世界はとんでもない状態にある、と思っていた。ソ連・東欧社会主義の崩壊、湾岸戦争、旧ユーゴでの戦争、アルジェリア、ルワンダ……、いたるところに虐殺があり、人々は隣人への憎しみに駆り立てられているかのようだった。日本国内に眼を転じてみても、歴史修正主義が台頭し、日本軍慰安婦に対するバッシングが盛んになり、また、フェミニズムが槍玉に挙げられていく。そうした流れの中で、証言とは何か、歴史とは何か、国民国家とは何か、が理論的反省の対象となっていった。しかし、これらの理論的、政治的な「反動」とそれへの私たちの応答ないし反撃において、問題となっていたのは、双方にとって最低限共通の掛け金となっていたのは、「何が真実なのか」「何が本当に起こったことなのか」「真実は何なのか」ということであった。そして、ランシエールが明らかにしたように、すべてが「可能なこと」へと解体されていくなら、出来事は雲散霧消し、真実というものはその時代（あるいは言語共同体というような参照の枠組み）の範囲内に収まるものへと飼いならされてしまう。ある種のポストモダン保守主義の文化相対主義を打ち破る力を真実に、出来事（として）の真実に認めるかどうか、それが係争点であった。

ところが、生‐政治においては、問題は「誰が何をしたのか」というかたちでは立てられない。可能なものの支配がさらに徹底されるのだ。ここでは可能なものは、さらに蓋然性へと、確率の問題へと移されている。「すでに起きたこと」（出来事とその真実）ではなく、「起きそうなこと」の方が重要なのだ。出来事の到来を回避することに全力が傾けられる。たとえば、ユマ・サーマンとイーサン・ホークが主演した『ガタカ』（一九九七）という映画では、DNA解析が徹底し、出生後の健康状態等の予測が可能になった（このこと自体は現在でもだいぶ実現している）社会が描かれている。そこでは、DNAによって截然と階級わけされ、DNAレヴェルで能力が劣ると判定されたものにはチャンスも与えられない。これから起こることの予測、シミュレーションが現実に起きること、起きたことに取って代わろうとするのだ。シミュレーションとは「可能なもの」の物質化である。

ヒト・ゲノムの塩基配列の解析も二〇〇三年に一通り終わり、現在は「ポスト・ゲノム時代」とも呼ばれている。八〇年代以降に進められた生命資源の特許化の波は、ヒト・ゲノムの解析を受けてさらに活発化して、知的財産権の名のもとでの生命の囲い込み——それは可能なものに生命を従属させることである——は一層徹底化されてきている。

そして、やはり二〇〇一年九月一一日以後の一連の事態だ。生‐政治という次元で考えるならば、二〇〇一年九月一一日以降、リスク言説が権利言説を圧倒したことが何より重要である。イラク侵攻後、戦争の口実であった「大量破壊兵器」がなかったことが分かった後でも、ほとんど何事もなかったかのように事態は進んでいく。戦争の大義が虚偽であったことが戦争勃発から程なくして知れてしまったにもかかわらず、政治家たちは政治生命を失うこともなく、そして、相変わらず戦争は続いている。「真実はどうであったか」ではなく「これから起こりそうなことにいかに対処したか」が重要視される。かつてのキリスト教的な「正戦論」であっても、現実にこうむった被害が戦争に大義を与え正当化した（だからこそ当時の神学者たちは「新大陸」の先住民たちの偶像崇拝によって神に危害が加えられたというようなことまでいわなければならなかった）。それが、「テロとの戦争」では先制攻撃が必要であるなどとまことしやかに語られるようになってしまった。それはあたかも先制攻撃を仕掛ければ、9・11という「先制攻撃」を仕掛けられてしまったという出来事を消し去れると考えているかのようであり、また、二度と9・11のような出来事が起きないために、一切の戦争と戦争から出来事性を奪い、いわば、それを日常と化してしまおうとしているかのようだ。日々、殺戮は続く、しかし、それは日常の光景であって、いささかも出来事ではない、と（もっとも、これはジジェクも指摘しているように、実際に九〇年代の、世界のさまざまな地域での日常であった――だからといってそれが出来事でなくなるわけでもない）。

いまだ起こっていないことへの対処なのだから最終的にそれが正しかったかどうかは真偽が問えない。もちろん人間は未来を予測して行動する。それは昔から変わらない。けれども、それは比較的短期の予測で、しかも、それが起こったか起こらなかったか検証が可能であり、「真偽」の領域で議論が可能であった。現在進行しているのは、むしろ、「リスク回避」の何重にも張り巡らされた網の目によって、何かが起こるということと起こらないということの境界が、とりわけシミュレーション・テクノロジーを通じて、限りなくぼやかされ、「真偽」の問えない領域が現実の中に広がりつつある事態ではないか。もちろん、そこでも格差、階級差は厳然として存在する。何でも現代の経済学のなかには資本家と労働者の所得の差を、マルクス主義的な搾取によってではなく、リスクを引き受けることの報酬として理解するものがあるらしい。たしかに、リスクを引き受けるだけの余力を持つ者と持たぬ者の差はある。しかし、現実に起こったことの被害をこうむるのはリスクを引き受ける者ではなく、リスクを引き受けない者のほうである。リスクを引き受けるだけの余力を持つものはリスク回避の手段をそれだけ持ち（たとえば特別なコネによる裏情報など）、リスクを引き受ける余力のないものはリスク回避の余力もない。愚かな経営者のツケを労働者が払わされるのがいまも昔も変わらないことは、エアバス社の最近の工場閉鎖の動きを見てもよく分かることだ。まだ起こらないことに対処できる者は現実に起こったことの厄災を免れる。

私たちはもはや「敵」を同じ人間とはみなしていない。それはちょうど「流行病」（まだ感染症であるかどうかもはっきりしていない）を扱うような疫学的な視線と手法によって、予防原則に則って処理される（リスク集団というのはそもそも疫学上の概念だ）。そのようなリスク言説が支配する世界では「テロ」も「鳥インフルエンザ」も「金融」もリスクの問題である。ウイルスでも人間でも市場の不規則な動きでも、エージェンシーの性格は問わない。エージェンシーの概念が主体の概念と違うのは、何か変化を引き起こす能力さえ持っていれば、「意図」とか「自分の行為が引き起こす帰結についての知」とかをもっていなくてもよいというところにある。

法が参照するのは権利の主体としての人格であるが、もはや私たちは人間を人格としては扱っていない。ある人が拘束され自由を制限されるかどうかは、その人間の権利の問題ではなく、リスクの問題なのだ。だから、グアンタナモの米軍基地に収容されたものたちにどの法が言及するのか——戦争捕虜として国際法が適用されるのか、それとも刑事被告人としてアメリカの国内法が適用されるのか

――を気にしていない。
私たちが扱う――あるいは、「操作する」といっても「介入する」といってもいいが――エージェンシーのレヴェルが主体ではなくなってしまったというのはどういうことか。それは、ひとつには、神経や遺伝子というレヴェルに直接働きかける可能性が出てきたということだ。生きた脳の活動を画像化する技術（MRIやfMRI、PETなど）やDNAを扱う技術の進展、それに（哲学、心理学、コンピュータ・サイエンス、脳科学、進化生物学などから構成される）認知科学が従来想定されていたような「主体」なしで人間について語るやり方を推し進めている。かつて、フーコーは『狂気の歴史』において古典主義時代における狂気の精神医学化が、いかに狂気から語る存在としての資格を剝奪してしまったかを描き出したのだが、現在起きているのは、語る存在としての人間の形象の解体である。たとえば、『1984』のようなディストピアでは、人々を服従させ、洗脳するのに（薬物の助けも借りるとしても）まだ、主体とその表象を前提とし、そこにはたらきかけなければならなかった。権力が実効性を持つためには不可避に主体とその表象を経由しなければならず、それゆえに、抵抗も生まれた。ところが、今日、精神薬理学の発達は、それこそ分子的に神経に働きかけ（カント的な意味ではない）「人格」を変えてしまうことも可能になった。主体や表象という次元はバイパスしてしまうことができる権力のエコノミー。また、ネットやカードでのショッピングなどを通して集積される情報は個人というよりもある特徴の線からなる下‐個人的であるとともに超‐個人的であるような存在（どんなCDを買ったか、あるいは、ネット上でチェックしたかということから、何年から何年のあいだにヨーロッパに滞在したことがあるか、とか、レストランで豚肉料理を注文したことがあるか、などというような特徴から抽出される、空間的にも時間的にも一堂に会したことのない者たちからなる集団)。それに、昨今の新自由主義によってあっという間に解体されてしまった労働者の諸権利。十九世紀を通じて権利の主体、あるいはより端的にいって語る存在として自らを承認させるべく闘ってきた労働運動の成果は失われ、労働はフレキシブルで不安定なものとなった。もはや、人が生涯を通じてひとつの職種に専念し、熟練を積み上げ、単に収入ばかりでなく、何がしかの自負、誇り、意味を見出すべきものとしての労働は、消えつつある。フォーディズムにおいては労働の意味や満足の喪失を補うはずだった安定した雇用と収入も保障されない。

カントにとって人格とは、現象の彼岸であり、崇高であり、畏敬の対象であった。だが、今日、人格ではなくなった人間は、崇高さを失ったものの、それでも、フロイト的、あるいはラカン的なモノとして、ただ不気味なものとして、おぞましいものとして私たちに現われる。人格ではなくなったのは何も「他者」ばかりではない。自分自身もそうだ。

フィリップ・K・ディックは、ある短編(しばらく前にゲイリー・シニーズ主演で『クローン』として映画化された)につけた自作解題で、自分にとっての問題は(「世界は本当に実在しているか」とか「他者は本当に実在しているか」ではなくて)「自分は本当に実在しているか」だと書いている。世界の存在や他者の存在に対する懐疑論は「水槽の中の脳」のイメージで語れるが、自分の存在に対する懐疑論は自分が本当はロボットであることを知らずに人間だと思い込んでいる状態に擬えられる。いわば自分に欺かれているのだ。

ここで、少しジジェクのドゥルーズ論に迂回しよう。ジジェクは六〇年代の、ガタリと出会う以前のドゥルーズこそ、哲学的に見ても、政治的にも重要であると主張する。それは一言でいってしまえば、「準 - 原因 quasi-cause」の概念の理論化がそこにあるからである。ドゥルーズは『意味の論理学』において、ストア派によりながら、物質と言語ないし意味との関係を「準 - 原因」として定式化していた。本当の因果性は物質と物質、身体と身体のあいだに、能動と受動というかたちで働いている。言語や意味というものは、物質の表面において生産される効果 = 結果であって、その原因は物質的なものである。しかし、効果であるはずの言語が、逆に物質的なものに対して原因であるかのように振る舞うことがある、というのが準 - 原因である。いわば、結果が原因の原因となるのである。

これは、やはり六〇年代にアルチュセール派が「構造論的因果性」として定式化したものにほかならない(もっともそもそもは当時アルチュセールの弟子だった──後にラカンの娘と結婚し、セミネールの編者となる──ジャック = アラン・ミレールが「換喩的因果性」というかたちで着想したものを、『資本論を読む』の元となったセミネールでランシエールが「構造論的因果性」として展開したのであるが)。ドゥルーズとアルチュセールのあいだにはスピノザという共通の参照項が存在していたし、それだけではなく、シャトレが編集した『哲学史』のためにドゥルーズが「何を構造主義として認めるか」(現在は『無人島 1969-1974』に所収)を書いていたとき、彼は、人を介して間接的にだが、アルチュセールと接触し、草稿を見てもらい、意見を求めていた。そしてさらにいえば、それは、(ジジェクが指摘するとおり)フーコーが語っていた「非有体的唯物論」のもっとも徹底した試みでもある。

考えてみれば、ジジェク自体、アルチュセールのイデオロギー装置の議論を構造論的因果性のなかできっちり思考するべく、ラカン＝ヘーゲルに遡るかたちで仕事を始めたのだった。しかも、イデオロギー装置論の論理を、しっかりと構造論的因果性を把握した上でそこに嵌め込んで理解するということこそ、英語圏のアルチュセール受容に欠けていた点で、この弱点のゆえに英語圏でのイデオロギー装置論（や生産様式の節合論）の影響は映画批評を中心とした「主体」化をめぐるものとなり、やがて、エルネスト・ラクラウのラディカル・デモクラシーやジュディス・バトラーのパフォーマティヴな構築主義のような、言説（編成）の理論へとシフトしていってしまう。すべてが言説へと昇華されることで、物質の重みが消えてしまう。物質性が私たちの実践に与える不均等な重み、ないしは、屈折が、それとしては把握できない。

ジジェクのいいたいことはよく分かる。グローバル資本主義と新自由主義の時代、それはまた、個人を語る存在からは廃位してしまう、生－政治の時代でもある。これは精神分析というところから見れば、抗うつ剤などの発達で、語る存在抜きに直接生物学的な身体に作用する精神医学への介入である。物質的因果性だけでよいのか、語るということは人間や社会に何かをもたらさないのか。語ることに固有の実在性や因果性は存在しないのか。裏返していうなら、語る存在についての科学である（はずだ――ラカン派にとっては精神分析は何よりも科学である）精神分析の科学性と存在意義（これらを、現在の主流派の科学はおそらくほとんど認めていない）の擁護である。

これは、もちろん、ラカン派の生き残りを賭けた、単なる一党派の戦略といったものにとどまるのではない。それは、物質ないし存在と意識の問題、マルクス主義的な革命運動と革命家がいつも突き当たっていた問題でもある。意識は物質の運動としての歴史にどう介入できるのか、意識は自然発生的にその物質的諸条件を反映することしかできないのか。アーレントは、人間は身体性や物質性の重みから解放されて、あたかもただの声だけの存在であるかのように立ち現われることができる公共領域においてのみ、人間は平等たりうると考えた。自然的なものがはらむ必然性から解放されて初めて人間は自由である。このようなアーレントの思想を言説的実践とそれが織り成す編成体へと引き移していく、ラクラウ流のラディカル・デモクラシーは、あくまで最終審級による決定を認めない。どの言説的実践にどれほどの重みが与えられるか自体が、言説的実践を通じたヘゲモニー形成の問題として理解される。

闘争から階級闘争のような物質性が抜き去られる。どの言説的実践にも、ある意味では平等に、原因としての効力が分配されている。だが、唯物論の根本にあるのは因果性に関する不均等性なのだ。ジジェクにとって（そして最近の彼の盟友であるバディウにとっても）、このような多元論は結局観念論に過ぎない。ジジェクが、ドゥルーズ＝ガタリの『資本主義とスキゾフレニー』二部作のうちに見るのも、欲望する機械の多元論であり、つまり、唯物論的な因果性である準‐原因論から観念論への後退である。

だが、このような言説的実践の重視は、一見すると語る存在に固有の論理を救っているように見えるかもしれない。しかし、実際はそうではない。なぜなら、すべては言説編成に相関的な構築物となってしまい、ある意味で言説間の単純な因果関係、それに加えて、言説が現実を構築するという因果関係しかそこには存在しなくなってしまうからである。それでは、アルチュセールやドゥルーズが、スピノザやストア派を参照しながら探求した、真に唯物論的な因果性が把握できないし、それに、現実を捉えることもできない。

『資本論を読む』でのランシエール論文も強調するように、『資本論』のマルクスにとって物神性の理論的解明は、それだけでは物神性そのものの消滅を意味しない。商品や貨幣はそれ自体を取ってみればただのモノであり、その物理的組成をいくら科学的に分析しても、それらが宿している価値の実体は見つけられない。なぜなら価値は社会的実践という物質性の効果だからである。したがって、商品や貨幣や、さらには、資本（現在であればネット上でグローバルに、かつ瞬間的に駆け巡る金融資本の運動）が体現しているとされる「価値」は、現実には存在しないのだし、現実の変化を生み出す「原因」にはなりえないはずである。モノがモノ以上の存在として解釈されるのが物神性だとすると、商品の「価値」はシャーマニズムにおいて依り代に取り憑く霊と、その存在論的ステイタスは変わらないはずであり、少なくとも科学的には、霊が病気を引き起こしたり癒したりする原因たりえないように、（資本主義のもとでの経済的）「価値」も現実の変化の原因たりえないはずである。しかし、非物質的な効果であり、『資本論』による科学的解明を経た後では、端的に「誤り」であるはずの「価値」は、『資本論』の読者にとっても、そして、マルクスにとっても現実であり続け、物事の原因として振る舞う。

言説的実践と編成体に基づく構築主義が捉え損なうのは、まさにこの物神性のメカニズムである。物神性の「存在しないにもかかわらず現実的である」という振る舞いが捉えきれないのだ。そして単なる理論的な認識によっては物神性というこの幻想は消せはしない。意識や意味は単に脳の中にあるのではなく、むしろ、脳の外部に、独自の実在性を持っているのだ。

ジジェクがそのドゥルーズ論でデネットをはじめとする分析哲学者たちの脳と意識をめぐる議論を取り上げるのはここに理由がある。現在の認知科学における有力なアプローチのひとつにコネクショニズムと呼ばれるものがある。この理論の解説は私の手には余るので、詳しくは触れないが、コネクショニズムの立場からすると、「彼は金欲しさに人を殺した」というような、欲望や信念などを物事の原因とする説明は誤りである。これは、単に心的現象が物理的因果関係を引き起こせないという主張ではなく、コネクショニズムでは、ひとつの欲望とかひとつの信念というような心的出来事ないし心的表象に対応するまとまった物理的事象が脳には存在しないと主張するからである。そこから、認知科学や脳科学が発達すれば、このような動機に基づく説明は、かつての錬金術や熱素による説明同様、正しい理論に置き換わるはずだと主張する（消去主義唯物論と呼ばれる——なお、デネットの立場は少し違う）哲学者たちも現われた。

「主体」というのは想像上の存在で、科学的認識にとっては認識論的障害に過ぎず、「主体」を原因として想定する説明は間違いであるという点には、スピノザもマルクスもアルチュセールも同意するに違いない。「私」は誰か他者に、たとえばデカルトの「悪い霊」に騙されているのではなくて、自分自身に騙されているのだと認めるにやぶさかではない。「私」とは、ユーザー・イリュージョンであって、だから、ラカンにおいては「考える」と「存在する」は一致しない。

問題は、新自由主義的で軍事的なグローバル資本主義が、いたるところで近代的な主体を消去している（物理的抹殺をも含めた何重もの意味で）一方で、「価値」は消去されずに、ますます人々の行動の原因としての力を強めつつあるように思えることなのだ。そもそもマルクス主義的な革命の使命、より正確にいうなら、革命後の過渡期社会としての社会主義社会の使命とは、資本主義的な物神性としての「価値」の消去を実現していくことであったはずだ。それは、繰り返すが、単なる認識の問題ではない。大衆がみな『資本論』を読めるようになれば物神性から解放されるわけではないし、また、マルクス経済学と競合する科学的認識が勝利を収めたから「価値」が消去されなかったということでもない。問題は競合する科学的認識のあいだでの（検証や反証といった）決着ではなく、それ自体物質的（かつ歴史的でもある）基盤ないし原因を持つ準‐原因の存在論的ステイタスである。

ところが、現実に存在した社会主義は崩壊するか国家資本主義へと移行してしまった。革命、すなわち、「価値」の消去を諦めた人々は、せめて「価値」のより平等な分配を求めて「主体」言説を何とか再興しリサイクルしようとする。ジジェクが「先進国の良心的知識人」の神経を逆撫でするのは、彼が仮借なき唯物論者であり、物質の重みと構造論的因果性に忠実であるからだ。世界中のあらゆる貧民街で、先進国知識人からすれば「端金」に過ぎない「価値」のために、年端も行かない子どもたちが互いに殺し合い、あるいは身を売る。（紙幣のような）物神の重さと（溢れ返るほどの）生命の軽さ。この不均質さが物質の重さである。言説の多元論はこの重さを量れないだろう。「先進国の良心的知識人」の善人ぶりは、基本的にブレヒトの『セチュアンの善人』のそれである（というか、私には知識人に限らず誰の善人性であれ、そういうものとしてしか想像できない）。ブレヒトにとって革命とは誰もが善人の助けなしで生きられ、誰も善人にならずに生きていける社会を創り出すことであったに違いないが、いまでは多くの者が善人になりたがる。『セチュアンの善人』のヒロインならば担ったであろう物質性の重みもなしに。

ジジェクは、唯物論者として、物神性が現実に（準‐）原因として人々を引き回す力を軽視しない。ネグリのような先進国型の革命的知識人は、「すでに資本の力によって私たちの社会（先進資本主義社会）はすでに共産主義となっている、後は、必要なのは、この物質的現実に気付くだけである」というような議論を展開しがちである。現実を認識しさえすれば現実は変わる、というのだ。これは、準‐原因としての物神性や準‐原因をめぐる唯物論的な因果性としての構造論的因果性の理論の展開であるイデオロギー装置論への無理解にほかならない。私たちが特定の歴史を、社会的存在として生きるときに、不可避に纏わざるをえない「自分自身によって騙されること」、その根深さを把握しきれていないのだ。

ジジェクは政治的に正しい――correct ではなく just という意味で。とりわけ、主体の以上と以下において蠢いている生‐政治に対して「主体の再建」をもって応じようとしない点で。しかし、ジジェクによるドゥルーズの乗っ取りに全面的に賛成するわけにも行かない。ジジェクはドゥルーズを、彼が理解する超越論的哲学に引き付け過ぎる。つまり、カント的な経験の可能性の条件という意味での超越論的領野にドゥルーズの超越論的経験論を引き付けてしまうと、可能なものの物質化（現実化ではない）としてのシミュレーションへの有効な対抗軸であるドゥルーズの「ヴァーチャル」概念を弱体化させてしまうからだ。

だが、これはまた、十年前の私たち自身の弱点でもある。当時、私は、可能なもの possible、潜在的なもの potential、ヴァーチャルなもののあいだの概念的区別が曖昧であった（というか、その区別の明確化は、いまだ私にとっては課題である）。無能さ impotence を可能なものや潜在的なものの枯渇というところで捉えようとしていた（そこには純粋な現実態actualityとしての神の把握があった）。だが、無能さがヴァーチャルなものによって裏打ちされているというところまでは思い及ばなかった。ヴァーチャルなものの問題系は、セクシュアリティの問題を、生物学的知見を参照しながら検討する過程で、初めて視野に入ってきた。また、そのときに、ドゥルーズの（そして、ドゥルーズ＝ガタリの）哲学がヴァーチャルなものとしての生の哲学であ（り、生態学的存在論とでも呼ぶべきものであ）ることに気づいた。アクチュアルなものに何らかの意味で先行すると考えられる可能なものや潜在的なものに対して、ヴァーチャルなものは、アクチュアルになることや個体化と同時に生成する反‐実現counter-actualisationを不可欠の契機とする。生命を、このヴァーチャルの次元から把握すること。今日、「価値」の物神性を消去するために、そして、さまざまなＤＮＡ切片やアルゴリズムのかけらからなる集合としてシミュレーションのなかに拋り込まれ、生‐政治化される生にその力vis/virtualityを取り戻すためにまず何よりも必要なのは、ドゥルーズが（ドゥルーズ＝ガタリが）遺してくれた「ヴァーチャルなもの」をめぐる思考を引き継ぐことであるに違いない。

［二〇〇七年一一月］

文献案内

初出の雑誌連載時にはまったく文献注をつけていなかったので、連載終了後に入手したものも含めてここに補足しておこう。文献は章ごとにではなくテーマごとにまとめて挙げることとする。

A　無能さの導入に向けて

「無能さ」の問題は、アリストテレスのエネルゲイアとデュナミスの区別をどう解釈するか、というところから始まる。だが、私にとってアリストテレスの重要性が浮かび上がってきたのはハイデガーを通してである。

ハイデガーとアリストテレス

私の見るところでは、とりわけ全集の刊行によって初期ハイデガーへのアクセスが可能になって以降、ハイデガーを理解するための一番分かりやすいやり方は、彼がアリストテレスをどう読んだかを追っていくことである。アリストテレスの実践概念、運動（生成）概念、時間概念等々をカントは、ヘーゲルは、あるいはベルクソンはどう解釈したかということとの解釈者としてのハイデガー。

Charlotta Weigelt, *The Logic of Life: Heidegger's Retrieval of Aristotle's Concept of Logos*, Almqvist & Wiksell International, 2002.

William McNeill, *The Glance of the Eye: Heidegger, Aristotle, and the Ends of Theory*, State University of New York Press, 1999.

Walter A. Brogan, *Heidegger and Aristotle: The Twofoldness of Being*, State University of New York Press, 2005.

John Protevi, *Time and Exteriority: Arstotle, Heidegger, Derrida*, Bucknell University Press, 1994.

Jacques Taminiaux, *Lectures de l'ontologie fondamentale: Essais sur Heidegger*, Jérôme Millon, 1995 (2e édition).

Jacques Taminiaux, *La fille de Thrace et le penseur professionnel: Arendt et Heidegger*, Payot, 1992.

ハイデガーとアリストテレスに関して全般的なところは、書誌的なところも含めて、ヴァイゲルト『生の論理』を参照。また、ブローガンの『ハイデガーとアリストテレス』は、アリストテレス‐ハイデガーの存在論を「運動的存在論 kinetic ontology」として定式化している。ドゥルーズの『シネマ』と対比してみたくなる論点である。また、タミニオー『基礎存在論の読解』は、『存在と時間』と『ニコマコス倫理』の比較（先駆的決意性とプラクシス、カイロスなどの問題系）。

初期ハイデガー

かつてのハイデガー研究は、いわゆるハイデガーの思考における「転回（ケーレ）」が存在するのか、存在するとしたら、それはいつで、どのようなものかに多くの議論が費やされていた。三〇年代くらいまでの前期ハイデガーとその後の後期ハイデガーの区別の問題である。それに対して、ハイデガー全集の刊行は『存在と時間』へといたる道のりを明らかにした。そして、前期から後期への転回というような劇的な変化としてではなく、より細かくハイデガーの思考の変遷が理解されるようになった。ハイデガーにおけるアリストテレスの重要性がはっきりと認識されるようになったのも、初期ハイデガーの全容が明らかになったからだといえる。そのような解明の中で問題となることのひとつは一九一〇年代の講義では「宗教的生」や「事実的生」というかたちで「生」が語られていたものが、『存在と時間』では「現存在」というかたちで「生」が除外されたのはなぜか、である。もちろん、「生」にはすでに一定の領域的存在論が先行し、基礎存在論はまだそれを解明する手前に位置づけられているからだという理由付けが『存在と時間』の内部にはあるのだが、ハイデガーの思考そのものにおける「生」の位置づけの変化を跡付けるという作業は、『存在と時間』の未完結の理由や、さらにその後の「ナチ・コミットメント」の問題にも何がしかの理解をもたらしてくれるかもしれない。

Theodore Kisiel and John van Buren (ed.), *Reading Heidegger from the Start: Essays in His Earliest Thought*, State University of New York Press, 1994.
Theodore Kisiel, *The Genesis of Heidegger's* Being and Time, University of California Press, 1993.
David Farrell Krell, *Daimon Life: Heidegger and Life-Philosophy*, Indiana University Press, 1992.
Heidegger 1919-1929: De l'herméneutique de la facticité à la métaphysique du Dasein, Vrin, 1996.
Jean-François Courtine, *Heidegger et la phénoménologie*, Vrin, 1990.
Jean Greisch, *L'Arbre de vie et l'Arbre du savoir: Le chemin phénoménologique de l'herméneutique heideggérienne (1919-1923)*, Cerf, 2000.

ハイデガーの著作

『存在と時間』以外で、まず、とりあげるべきハイデガーの著作を挙げておく。

ハイデッガー全集第33巻『アリストテレス、『形而上学』第9巻1－3――力の本質と現実性について』岩田靖夫・天野正幸・篠沢和久ほか訳、創文社、一九九四年
ハイデッガー全集第24巻『現象学の根本諸問題』溝口兢一・松本長彦ほか訳、創文社、二〇〇一年
マルティン・ハイデッガー『形而上学入門』川原栄峰訳、平凡社ライブラリー、一九九四年

次のヴェスの本は、フランスの学生向け参考書のシリーズだが、『現象学の根本諸問題』をその背景まで含めて解説してあるので便利。

Jean-Marie Vaysse, *Les problèmes fondamentaux de la phénoménologie de Heidegger*, Ellipses, 2005.

アリストテレスの著作

アリストテレス『形而上学』岩崎勉訳、講談社学術文庫、一九九四年
アリストテレス『ニコマコス倫理学』高田三郎訳、岩波文庫、一九七一―七三年

B　快と苦痛、言語と誘惑——無能な身体

快と苦痛の極みにおいて身体は何もできない。語ることさえできず、ただ、呻き、叫び、声を漏らすだけである。声の只中における言葉とそうでないものの差異、そして、言葉の只中にある非‐言語であり語ることのできなさとしての幼年期。そこから言語を思考することが試みられなければならない。

苦痛をめぐって

苦痛と個体性、そして時間性の問題について考えるときに参考になるのは、次の著書である。

John D. Caputo, *Demythologizing Heidegger*, Indiana University Press, 1993.

Elaine Scarry, *The Body in Pain: The Making and Unmaking of the World*, Oxford University Press, 1985.

シモーヌ・ヴェイユ『カイエ4』冨原眞弓訳、みすず書房、一九九二年

アンリ＝シャルル・ピュエシュ「グノーシスと時間」神谷幹夫訳、『時の現象学I』平凡社、一九九〇年所収

カプート『ハイデガーを脱神話化する』は、ハイデガーのナチ・コミットメントの背景に彼の個体把握の仕方の問題があったのではないかと示唆する。なお、シモーヌ・ヴェイユの伝記を書いた（生前の彼女の親友であった）シモーヌ・ペトルマンもグノーシス主義の研究者。

言語の問題

言語と言語ならざるものの接触面。アガンベンによる以下の仕事を参照。

Giorgio Agamben, *Idea della prosa*, Feltrinelli, 1985.（英訳：*Idea of Prose*, trans. by Michael Sullivan and Sam Whitsitt, State University of New York, 1995.）

ジョルジョ・アガンベン『幼児期と歴史——経験の破壊と歴史の起源』上村忠男訳、岩波書店、二〇〇七年

本書では以下の著作に言及した。

Jean-Louis Chrétien, *La voix nue: phénoménologie de la promesse*, Minuit, 1990.

Wlad Godzich, *The Culture of Literacy*, Harvard University Press, 1994.

G・W・F・ヘーゲル『イェーナ体系構想——精神哲学草稿Ⅰ・Ⅱ』加藤尚武監訳、法政大学出版局、一九九九年

アリストテレス「命題論」水野有庸訳、『世界古典文学全集16　アリストテレス』田中美知太郎編、筑摩書房、一九六六年

「述語」ではなく「述べ言葉」という言葉を用いているところがあるのは、右のアリストテレスの訳語を採ったから。

トラークル、あるいは詩の行為とその不在

トラークルについては、前出のカプート（のハイデガー批判）にほぼ全面的に依拠するかたちで論じていたのだが、現在、トラークルを読み返してみると、やはり目に付くのが彼の詩のそこここに横たわっている（兵士の）死体である。もはや自ら敷居をまたぎこすことができず、したがって、アレゴリー化に抵抗する存在である死体から、戦場において自死した（しかし「遂げた」とはいいがたい）詩人トラークルを読む必要があるのかもしれない。

『トラークル詩集』瀧田夏樹編訳、小沢書店、一九九四年

ハイデッガー全集第12巻『言葉への途上』亀山健吉ほか訳、創文社、一九九六年

Christopher Fynsk, *Language and Relation: ...That There is Language*, Stanford University Press, 1996.

Veronique Foti, *Heidegger and the Poets: Poiesis/Sophia/Techne*, Humanity Books, 1995.

フィンスクの著作はハイデガーの『言葉への途上』の論考における“laut”やその派生語の振る舞いを分析し、ハイデガーの言語の身振り性、つまり、遂行性について考察している。

誘惑をめぐって

Ross Chambers, *Story and Situation: Narrative Seduction and the Power of Fiction*, University of Minnesota Press, 1984.

Ross Chambers, *Room for Manenver: Reading the Oppositional in Narrative*, The University of Chicago Press, 1991.

Geoffrey Galt Harpham, *The Ascetic Imperative in Culture and Criticism*, The University of Chicago Press, 1987.

Geoffrey Galt Harpham, *Getting It Right: Language, Literature, and Ethics*, The University of Chicago Press, 1992.

Stanley Cavell, *Must We Mean What We Say?: A Book of Essays*, Cambridge University Press, 1976.

Stanley Cavell, *In Quest of the Ordinary: Lines of Skepticism and Romanticism*, The University of Chicago Press, 1988.

Allen S. Weiss, *Iconology and Perversion*, Art & Text Publications, 1988.

Allen S. Weiss, *Breathless: Sound Recording, Disembodiment, and the Transformation of Lyrical Nostalgia*, Wesleyan University Press, 2002.

Dianne Hunter (ed.), *Seduction and Theory: Readings of Gender, Representation, and Rhetoric*, University of Illinois Press, 1989.

John Fletcher and Martin Stanton (ed.), *Jean Laplanche: Seduction, Translation and the Drives*, trans. by M. Stanton, Institute of Contemporary Arts, 1992.

New Formation, No. 48, winter 2002-2003, "Jean Laplanche and the Theory of Seduction".

チェンバースは語り手による読者の誘惑という観点から物語論を展開する（特に『策略のための余地』）。本論でも言及したハーファム『文化と批評における禁欲の命法』は、誘惑とそれへの抵抗としての禁欲という観点から、聖アントニウス、グリューネヴァルト、ド・マン、フーコーなどを論じていく（ちなみに、「聖フーコー」という表現を、デイヴィッド・ハルプリンは本書から採ってきた）。同じハーファムによる『正しくやってのける』はスタンリー・カヴェルなども参照しながら文学と倫理の関係を問う。そのカヴェルの『私たちが言うことを私たちが意味するはずか？』は、後期ウィトゲンシュタインの文体を理性とそれを誘惑する声との対話篇として理解すべきである、という趣旨の論文や懐疑論は日常言語によっては論駁不可能で、むしろ、日常言語の日常性それ自体が懐疑論からの生き残り（それは認識 knowledge ではなく承認＝感謝 acknowledgment へと私たちが態度を転換することによる）の結果見出されるものであると主張する論文、それに、シェイクスピアやベケットについての論文を含む。彼によれば、シェイクスピアのロマンス喜劇、ロマン主義、そしてハリウッドのロマンチック・コメディは、このような承認＝感謝によって懐疑論からサヴァイヴァルする試みの歴史として理解される。ヴァイス『息切れ』は、フロベールの『聖アントワーヌの誘惑』論を含む。それによると、フロベールの時代に、幻視や幻聴の体験が、初めて教会ではなく司法の判断のもとに服することとなった。ジャン・ラプランシュは、フロイトが放棄したとされる誘惑理論を新たなかたちで、（原‐光景とある意味で同じような）原‐誘惑というものを想定して練り直している。彼のエニグマ的シニフィアンの理論は最近のベルサーニに影響を与えている。

C　生の形式について

人間的生は一定の形式を纏っている。それは、何か不定形なものに外から型が押し付けられるようなものではない（どのようなものの形相／質料関係にもこれは当てはまることであるが）。ルロワ＝グーランが指摘するように、人間的生が人間的なものになるに先立ってそこには言語とテクノロジーが棲み込んでいたのだ。テクノロジーとその時間性から人間の共‐存在としての政治と歴史を考える必要がある。

ノモス、主権、剝き出しの生

ベンヤミンが「暴力批判論」（『ドイツ悲劇の根源』ちくま学芸文庫、所収）で「生命の貴さというドグマ」の解明を現在の切迫した課題として設定したのだが、ある意味でそれを展開したのがアーレントの『人間の条件』である。シュミットは、同じことを裏側から、ホッブズの自然状態、つまり、死の恐怖と単なる生への価値付与の現場であるアメリカでの植民地獲得の面から見ている。

『ベンヤミン・コレクション』浅井健二郎編訳、ちくま学芸文庫、一九九五年〜

ヴァルター・ベンヤミン『ドイツ悲劇の根源』浅井健二郎訳、ちくま学芸文庫、一九九九年

カール・シュミット『政治神学』田中浩・原田武雄訳、未來社、一九七一年

カール・シュミット『陸と海と――世界史的一考察』生松敬三・前野光弘訳、一九七一年（のちに、慈学社出版、二〇〇六年）

カール・シュミット『大地のノモス――ヨーロッパ公法という国際法における』新田邦夫訳、福村出版、一九七六年（のちに改訳版：慈学社出版、二〇〇七年）

ハンナ・アレント『人間の条件』志水速雄訳、ちくま学芸文庫、一九九四年

国民国家と帝国とをつなぐ線としてのノモス＝取得論。この線をローマまで遡っていくと、アガンベンの生‐政治論になる。

ジョルジョ・アガンベン『例外状態』上村忠男・中村勝己訳、未來社、二〇〇七年

なお、近代資本主義の生成の場としての海、そして、ヘテロトポスとしての船、海賊というテーマがこの「国民国家＝帝国＝生‐政治」論の裏面として構想されうる。これに関しては後出のカザリーノの著作のほかに、以下も参照。

Marcus Rediker, *Between the Devil and the Deep Blue Sea: Merchant Seamen, Pirates and the Anglo-American Maritime World, 1700-1750*, Cambridge University Press, 1989.

Peter Linebaugh, Marcus Rediker, *The Many-headed Hydra: Sailors, Slaves, Commoners, and the Hidden History of the Revolutionary Atlantic*, Verso, 2002.

Marcus Rediker, *Villains of All Nations: Atlantic Pirates in the Golden Age*, Beacon Press, 2005.

なお、レディカーについては現在千葉大学助教の石原俊さんにその存在を教えていただいた。

収容所的経験

生を脱形式化するテクノロジーとしての収容所。

プリーモ・レーヴィ『アウシュヴィッツは終わらない――あるイタリア人生存者の考察』竹山博英訳、朝日新聞社、一九八〇年

ブルーノ・ベテルハイム『鍛えられた心――強制収容所における心理と行動』丸山修吉訳、法政大学出版局、一九七五年

Edith Wyschogrod, *Spirit in Ashes: Hegel, Heidegger, and Man-Made Mass Death*, Yale University Press, 1985.

篠田浩一郎『閉ざされた時空――ナチ強制収容所の文学』白水社、一九八〇年

ジョルジョ・アガンベン『ホモ・サケル――主権権力と剝き出しの生』高桑和巳訳、以文社、二〇〇三年

ジョルジョ・アガンベン『アウシュヴィッツの残りのもの――アルシーヴと証人』上村忠男・廣石正和訳、月曜社、二〇〇一年

私にとって収容所が初めて「問題」となったのは篠田浩一郎を読んだときであった。

歴史修正主義、怒り

九〇年代以降日本でもさまざまな歴史修正主義やバックラッシュの攻勢が盛んになってきた。それはいまもますます強まっている。ひとつの争点は、証言をめぐるものである。あるいは、誰が語る存在として数のうちに入るか、である。語る存在と語らない（語れない）存在との境界線はどのようにして探ればいいのか、また、それを越境するにはどうすればいいのか。おそらく、怒りとは脱自のひとつの形式であって、怒りにおいて我を忘れているとき、まさに怒っているのは私ではないし、私が被った不正や苦痛を怒っているのでもない。喪われたもの、もはや口利けぬもの（ベンヤミンは自然が沈黙しているのは悲しみに沈んでいるからだと指摘した）が怒りにおいて、誰かの口を借りて、語り始める。

Jacques Rancière, *Les noms de l'histoire: Essai de poétique du savoir*, Seuil, 1992.

Jacques Rancière, *Mallarmé: La politique de la sirène*, Hachette, 1996.

ジャック・ランシエール『不和あるいは了解なき了解――政治の哲学は可能か』松葉祥一・大森秀臣・藤江成夫訳、

インスクリプト、二〇〇五年
Richard Beardsworth, *Derrida and the Political*, Routledge, 1996.
ジャン＝リュック・ナンシー、ジャン＝クリストフ・バイイ『共出現』大西雅一郎・松下彩子訳、松籟社、二〇〇二年
Alphonso Lingis, "Anger", in Darren Sheppard, Simon Sparks and Colin Thomas (eds.), *On Jean-Luc Nancy: The Sense of Philosophy*, Routledge, 1997.
現代思想編集部編『ろう文化』青土社、二〇〇〇年
関連して、本書では以下の著作も参照した。
アンドレ・ルロワ＝グーラン『身ぶりと言葉』荒木亨訳、新潮社、一九七三年
大村晴雄『ベーメとヘーゲル』高文堂出版社、一九八七年
モーリス・ブランショ「地獄についての考察」清水徹訳、『カミュ論』清水・粟津則雄訳、筑摩書房、一九七八年

D　言語、パフォーマンス、演劇性

二十世紀の言語哲学において、言語がただ事物の状態の記述ではなく、何ごとかを行う遂行性、つまり、一種のパフォーマンスでもあるということの指摘は重要であった。言語が一定のパフォーマンス性＝遂行性を持つのであるかぎり、それが何がしかの可視性ないし演劇性と切り離しえない。言語のパフォーマンス性の探求を最も推し進めたのは、ポール・ド・マンからサミュエル・ウェーバーやヴェルナー・ハーマッハーへと伸びる線と、それともうひとつ、イタリア哲学にけるポスト・フォーディズム論である。

ポール・ド・マン、あるいは、可視性と語ることの交点としての顔

ド・マンは、ロマン主義論で展開されるプロソポペイア（活喩法）の議論、そして、誘惑をめぐる問題系が（後にハー

マッハーたちが展開することになる先措定の問題系と並んで）重要である。

ポール・ド・マン『ロマン主義のレトリック』山形和美・岩坪友子訳、法政大学出版局、一九九八年
ポール・ド・マン『美学イデオロギー』上野成利訳、平凡社、二〇〇五年
Tom Cohen, *Ideology and Inscription: "Cultural Studies" after Benjamin, de Man, and Bakhtin*, Cambridge University Press, 1998.
キャシー・カルース『トラウマ・歴史・物語——持ち主なき出来事』下河辺美知子訳、みすず書房、二〇〇五年
Cynthia Chase, *Decomposing Figures: Rhetorical Readings in the Romantic Tradition*, The Johns Hopkins University Press, 1986.
Lindsay Waters and Wlad Godzich (ed.), *Reading de Man Reading*, University of Minnesota Press, 1989.

コーヘン『イデオロギーとインスクリプション』は、プロソポペイアというところでド・マンとバフチン（特に「生活の言葉と詩の言葉」）を結び付けている。また、顔を作り出すレトリックとしてのプロソポペイアの遂行性のより徹底した解明のためには、ドゥルーズ＝ガタリが『千のプラトー』で論じた「顔貌性」と対比させることが不可欠であろう。それは可視性と語ることとのかかわり全般への問い返しでもある。

ミメーシスと演劇性をめぐって

現象と本質の関係を演劇性 theatricality から思考すること。ニーチェのように。サイバースペースは私たちに非演劇的な空間を思考させる。非演劇的な空間を演劇的な空間へと変換するインターフェイスとしての身体性、そして、ミメーシス。あるいは公共空間と私的空間との分節化。以下の、サミュエル・ウェーバーらの著作を参照。

Michael Fried, *Absorption and Theatricality: Painting and Beholder in the Age of Diderot*, The University of Chicago Press, 1980.
Samuel Weber, *Mass Mediauras: Form, Technics, Media*, Stanford University Press, 1996.
Samuel Weber, *Theatricality as Medium*, Fordham University Press, 2004.
サミュエル・ウェーバー『破壊と拡散』野内聡訳、月曜社、二〇〇五年
Arne Melberg, *Theories of Mimesis*, Cambridge University Press, 1995.

Rainer Nägele, *Theater, Theory, Speculation: Walter Benjamin and the Scenes of Modernity*, The Johns Hopkins University Press, 1991.
Suzanne Gearhart, *The Interrupted Dialectic: Philosophy, Psychoanalysis, and Their Tragic Other*, The Johns Hopkins University Press, 1992.
Michael Taussig, *Mimesis and Alterity: A Particular History of the Senses*, Routledge, 1993.
Tom Cohen, *Anti-Mimesis from Plato to Hitchcock*, Cambridge University Press, 1994.
David Marshall, *The Figure of Theater: Shaftesbury, Defoe, Adam Smith, and George Eliot*, Columbia University Press, 1986.

普遍的知性、知性の単一性

イタリアのポスト・フォーディズム論者の哲学者たちは、アヴェロエス、ダンテ、マルクス、アーレントというような系譜で普遍的知性の展開を考えている。

Dante, *La monarchie*, traduit du latin par Michèle Gally, Belin, 1993.
Averroès, *L'intelligence et la pensée*, traduction, introduction et notes par Alain de Libera, GF Flammarion, 1998.
ハンナ・アーレント『精神の生活』佐藤和夫訳、岩波書店、一九九四年

パオロ・ヴィルノが、もはや日本語圏において未知の人ではないということは本当にすばらしい。ヴィルノは言語哲学を背景に持ち、言語行為論の遂行性すなわちパフォーマンスの問題をアーレントの行為／仕事／労働の区別と対質させ、『スペクタクルの社会』の分析をさらに押し進める。つまり、社会関係の物象化がコミュニケーション能力そのものの次元で進行し、アーレント的な労働と行為の区別が不可能となったポスト・フォーディズム段階の分析とそれへの抵抗点の構築である。

Paolo Virno, *Mondanità: l'idea di "mondo" tra esperienza sensibile e sfera pubblica*, manifestolibri, 1994.
Paolo Virno, *Parole con parole: Poteri e limiti del linguaggio*, Donzelli, 1995.
Paolo Virno, *Il ricordo del presente: Saggio sul tempo storico*, Bollati Boringhieri, 1999.
Paolo Virno, *Esercizi di esodo: Linguaggio e azione politica*, ombre corte, 2002.

Paolo Virno, *Quando il verbo si fa carne: Linguaggio e natura umana*, Bollati Boringhieri, 2003.

パオロ・ヴィルノ『マルチチュードの文法――現代的な生活形式を分析するために』廣瀬純訳、月曜社、二〇〇四年

ギー・ドゥボール『スペクタクルの社会』木下誠訳、ちくま学芸文庫、二〇〇三年

もう一人、ヴィルノと並んでポスト・フォーディズム論の哲学を代表するアウグスト・イルミナーティはアヴェロエス（イブン・ルシド）の『『デ・アニマ』註解』をイタリア語訳している。

Augusto Illuminati, *Esercizi politici: quattro sguardi su Hannah Arendt*, manifestolibri, 1994.

Averroè e l'intelletto pubblico: antologia di scritti di Ibn Rushd sull'anima, introduzione e cura di Augusto Illuminati, manifestolibri, 1996.

Augusto Illuminati, *Il teatro dell'amicizia: metafore dell'agire politico*, manifestolibri, 1998.

Augusto Illuminati, *Completa Beatitudo: l'intelletto felice in tre opuscoli averroisti*, l'Orecchio di Van Goch, 2000.

Augusto Illuminati, *Del comune: cronache del general intellect*, manifestolibri, 2003.

このあたりのイタリアの哲学者たちが参照している中世哲学についてはアラン・ド・リベラが参考になる。

アラン・ド・リベラ『中世知識人の肖像』阿部一智・永野潤訳、新評論、一九九四年

アラン・ド・リベラ『中世哲学史』阿部一智・永野潤・永野拓也訳、新評論、一九九九年

パフォーマティヴ、措定

九〇年代以降のベンヤミン読解をリードしてきた一人がヴェルナー・ハーマッハー。措定と先‐措定の関係、とりわけその時間性と歴史性との関わり、それと関係するがカントからフィヒテ、初期ロマン主義、ヘルダーリン、シェリング、ヘーゲル、マルクス、ベンヤミンへといたる darstellen（提示、上演、描写、叙述）の問題系を、setzen と stellen の交錯のうちで捉えるには、ハーマッハーと、それに加えて前出のサミュエル・ウェーバーの諸著作が出発点となる。

Werner Hamacher, *Premises: Essays on Philosophy and Literature from Kant to Celan*, trans. by Peter Fenves, Harvard University Press, 1996.

Werner Hamacher, "Afformative, Strike: Benjamin's 'Critique of Violence'", in Andrew Benjamin and Peter Osborne (eds.), *Walter Benjamin's Philosophy: Destruction and Experience*, Routledge, 1994.

Werner Hamacher, "Lingua Amissa: The Messianism of Commodity-Language and Derrida's *Specters of Marx*", in Michael Sprinker (ed.), *Ghostly Demarcations: A Symposium on Jacques Derrida's* Specters of Marx, Verso, 1999.

Werner Hamacher, "Guilt History: Benjamin's Sketch 'Capitalism as Religion'", in *Diacritics*, No. 32, 3/4, fall-winter 2002.

ヴェルナー・ハーマッハー『他自律——多文化主義批判のために』増田靖彦訳、月曜社、二〇〇七年

イメージ

イメージとは何か。イメージとそれがそのイメージである当のものとの両立しがたさ。たとえば、何かを知覚しながら別のことを想像することはできる。しかし、知覚している当のものをその場所で想像することは、たといその知覚とそっくりなものを想像しようとしても、いや、そうであればあるほど困難である。それは、イメージがそれがそのイメージであるものの喪失であり、喪であるということではないだろうか。さらにいえば、モノに対するメランコリーとして、イメージは存在する、といえるのではないか。イメージの本質をメランコリーのうちに探るさまざまな試みを参照。

ミシェル・フーコー「ビンスワンガー『夢と実存』への序論」石田英敬訳、『フーコー・コレクション1　狂気・理性』小林康夫ほか編、ちくま学芸文庫、二〇〇六年所収

Denis Hollier, "Le mot de Dieu: 'Je suis mort'", in *Michel Foucault philosophe: Rencontre internationale, Paris, 9, 10, 11 janvier 1988*, Seuil, 1989.

Georges Didi-Huberman, *Ce que nous voyons, ce qui nous regarde*, Minuit, 1992.

Georges Didi-Huberman, *Devant le temps*, Minuit, 2000.

Jonathan Dollimore, *Death, Desire and Loss in Western Culture*, Routledge, 2001.

Juliana Schiesari, *The Gendering of Melancholia: Feminism Psychoanalysis, and the Symbolics of Loss in Renaissance Literature*, Cornell Univer-

sity Press, 1992.
Mieke Bal, *Double Exposures: The Subject of Cultural Analysis*, Routledge, 1996.
ジョルジョ・アガンベン『スタンツェ――西洋文化における言葉とイメージ』岡田温司訳、ありな書房、一九九八年
ジグムント・フロイト「不気味なもの」藤野寛訳、『フロイト全集17　1919-1922年』岩波書店、二〇〇六年所収

E　現在時のために

結局戦争でもって始まり、それが終わりようもなくなっているこの世紀、非正規戦と非正規雇用のグローバル化のこの時代における無能さのために。

共同体、再び

Jacques Rancière, *Aux bords du politique*, La fabrique, 1998.
Leo Bersani, Ulysse Dutoit, *Caravaggio's Secrets*, MIT Press, 1998.
Leo Bersani, Ulysse Dutoit, *Forms of Being: Cinema, Aesthetics, Subjectivity*, British Film Institute, 2004.
Tim Dean and Christopher Lane (eds.), *Homosexuality and Psychoanalysis*, The University of Chicago Press, 2001. とりわけ、Leo Bersani, "Genital Chastity".
UMBR(a): A Journal of the Unconscious, "Sameness", Center for the Study of Psychoanalysis and Culture, 2002.
Cesare Casarino, *Modernity at Sea: Melville, Marx, Conrad and Crisis*, University of Minnesota Press, 2002.
Andrew Norris (ed.), *The Claim to Community: Essays on Stanley Cavell and Political Philosophy*, Stanford University Press, 2006.
アルフォンソ・リンギス『何も共有していない者たちの共同体』野谷啓二訳、洛北出版、二〇〇六年

レオ・ベルサーニの同じ者たち（homos あるいは sameness）の共同体の論理はティム・ディーンやクリストファー・レイ

ンらのクイア理論とラカン派精神分析との総合を目指す最近の動きの中でもっとも活発かつ生産的に取り上げられている。彼らが寄稿している『アンブラ』の「同じさ」特集号も参照。カザリーノ『航海途上の＝途方に暮れたモダニズム』は、ヘテロトピアとしての船の上で、マルクスの『グリュントリッセ』とメルヴィルの『白鯨』をつなぎ、さらに、アガンベンとベルサーニを接続していく（『白鯨』の語り手とクイークェグの関係のように）。カヴェルと共同体についての論文集の編者、アンドリュー・ノリスはほかに次のようなアガンベンの『ホモ・サケル』をめぐる論文集も編集しているが、こちらは未見。

Andrew Norris (ed.), *Politics, Metaphysics, and Death: Essays On Giorgio Agamben's* Homo Sacer, Duke University Press, 2005.

映画的共同体に関しては次を参照。

William Flesch, "Proximity and Power: Shakespearean and Cinematic Space", in *Theatre Journal*, Vol. 39, No. 3, 1987.

生は語ることができるか

この問いをめぐる本書最終章で主に議論の対象としているのは

スラヴォイ・ジジェク『身体なき器官』長原豊訳、河出書房新社、二〇〇四年

それに次も参照。

スラヴォイ・ジジェク『迫りくる革命——レーニンを繰り返す』長原豊訳、岩波書店、二〇〇五年

Slavoj Žižek, Eric L. Santner, Kenneth Reinhard, *The Neighbor: Three Inquiries in Political Theology*, The University of Chicago Press, 2006.

Eric L. Santner, *On the Psychotheology of Everyday Life: Reflections on Freud and Rosenzweig*, The University of Chicago Press, 2001.

エリック・サントナーのフランツ・ローゼンツヴァイク論にまでは、今回手をつけられなかったが、ローゼンツヴァイクは、ベンヤミンの言語哲学と生命の問題のつながりを見通す上で欠かせない（ことに最近気がついた）。サントナーやヒラリー・パトナムは、ローゼンツヴァイクの「常識の哲学」をスタンリー・カヴェルと比較して論じている。パト

ナムのローゼンツヴァイク論としてまとまったものは、現在のところ次を参照。

Hilary Putnam, "Introduction 1999" in Franz Rosenzweig, *Understanding the Sick and the Healthy: A View of World, Man, and God*, Harvard University Press, 1999.

ちなみに、合田正人は近年、ローゼンツヴァイクの根源語としての「そして」の把握がドゥルーズの先駆として考えられることをさまざまな機会に指摘している。なお、コネクショニズムについてはとりあえず以下を参照。

信原幸弘『考える脳・考えない脳――心と知識の哲学』講談社現代新書、二〇〇〇年

戸田山和久・服部裕幸・柴田正良・美濃正編『心の科学と哲学――コネクショニズムの可能性』昭和堂、二〇〇三年

ウサギ＝アヒル図式の重要性についてはマルコム・ブルの本に教えられた。ウサギとアヒルの差異は可視性の内部には書き込まれていない。それは、ウィトゲンシュタインが『論理哲学論考』の奇妙な図で指し示す「世界の境界線」であるだろう。そして、不可視であることがけっして別の可視性に覆い隠された可視なるものの問題ではないことが分かる。あるアスペクトを見えなくするのは同じものの別のアスペクトである。それまで見えていたものが突然別のものに見えるアスペクトの転換は、スタンリー・カヴェルによれば、それまでモノでしかなかった奴隷に自分と同じ人間性を見てしまうというような「承認 acknowledgment/recognition」の問題にも通じる。ここで重要なのは他者の心の不可視性は他者の身体の可視性によって隠されていたのではないということである。『隠れた事物を見る』では、ルカーチの全体性をめぐる弁証法やヘーゲルの主人と奴隷の弁証法（ただし、W・E・B・デュボイスに接続された）がウサギ＝アヒル図式の光の下に考察されていく。おそらく、これは、フーコーのアスペクト論や、また、ランシエールの「感性の分有＝分割」論と関連させながら今後考えていくべき課題であるだろう。なお、ブルは、『ニュー・レフト・レヴュー』の編集委員であり、また、『ロンドン・レヴュー・オヴ・ブックス』の書評担当者の一人でもある。ウェブ上のそれらのサイト（それぞれ http://www.newleftreview.org/ と http://www.lrb.co.uk/）をあたってみれば、彼の文章のいくつかを無料でダウンロードできる。とりわけ、ジジェク、ネグリ、アガンベンなどについての彼の書評では、情報に富み、かつ、鋭利な批判を読むことができる。「本業」としてはオックスフォード大学のラスキン・スクールで美術史を教えていて、

ルネサンス期の新プラトン主義の変容についての著書もある。

Malcolm Bull, *Seeing Things Hidden: Apocalypse, Vision and Totality*, Verso, 1999.

Stanley Cavell, *The Claim of Reason: Wittgenstein, Skepticism, Morality, and Tragedy*, Oxford University Press, 1979.

ミシェル・フーコー「距たり・アスペクト・起源」中野知律訳、『フーコー・コレクション2　文学・侵犯』小林康夫ほか編、ちくま学芸文庫、二〇〇六年所収

Jacques Rancière, *Le partage du sensible: Esthétique et politique*, La fabrique, 2000.

ヴァーチャル、あるいは、反‐実現ということについては次の著書から多くを教えられた。

江川隆男『存在と差異――ドゥルーズの超越論的経験論』知泉書館、二〇〇三年

江川隆男『死の哲学』河出書房新社、二〇〇五年

あとがき

本書は、九〇年代の後半から今世紀初頭にかけて、雑誌『未来』に連載をしていた「無能な者たちの共同体」を一冊に纏めたものである。本文は、一部の表記を改めたり、当時の息切れした文体を一息で読みやすくした以外は基本的に当時のままである。最終章と文献案内は今回補足した。

この連載の当時のような言語と生の両立不可能性という考え方は、『ジェンダー／セクシュアリティ』（岩波書店、二〇〇〇年）の執筆過程で、変わっていった。最近では、言語と生をどう接続していくか、「ヴァーチャル」概念の探究を通じて考えていきたいと思っている。その成果はいずれ「シュルマテリアリスム」ないし「生態学的存在論」というかたちで公表できるだろう。

私は最近辛うじて正規雇用の側へと、奇跡的に滑り込むことができたが、そのことも含めて、私が曲がりなりにもものを書きつつ生きてこられたのは数多くの友人のおかげである。いちいちお名前を挙げることはしないが、心から感謝している。

今日進行している非正規雇用の全般化現象は、労働の（いろいろな意味での）フレキシビリティの増大と結びついている。かつて技術革新というと、それは、製品に新技術が投入されるばかりではなく、ロボット・アームのような、生産過程における技術革新（固定資本への資本投下）のイメージも伴っていたのだが、生産のフレキシブル化は固定資本の固定性を市場のニーズに敏感に応答する上での桎梏とした。その結果、もっともフレキシブルに書き換え可能な生産手段として人間の身体とその能力の再発見がなされ、労働者とその生はほとんど十九世紀の産業革命期にも匹敵するほどの、剝き出しの存在となりつつある。一日毎、あるいは数時間毎に記憶を書き換え、別々の科目を担当する大学非常勤教員（特に人文系の）はそのような生を以前から生きてきた。しかもその条件はますます過酷になってきている。労働力の資本への包摂（労働力の商品化）が生み出す労働力（能力）と労働（能力の現象ないし実現形態）の矛盾はますます深まっている。資本が労働力を能力として深く、広く把握すればするほど、労働は他者から切り離され、ばらばらにされ、そのコミュニケーション能力は、あるいは伝達可能性の伝達は、疎外されていく。私たちの無能さである。

この無能さこそが私たちの、いわば、唯一の「財産」であり、それをいかに数のうちに数えいれるか、それが本書の試みであり、また、これからも続けられる探究の課題である。

最後になったが、ここまで好き勝手なことを書き飛ばすことを、しかも、長期に亘って連載というかたちでお許しくださった、当時の担当だった浜田優さん、浜田さんから引き継いで長い目で筆者を見守ってくださった小柳暁子さん、中村大吾さんに感謝します。

プレカリアートの「すべて」を数える共同体のために――

二〇〇七年一一月　田崎英明

初出――「無能な者たちの共同体」（『未来』一九九六年八月号〜二〇〇一年五月号、全二二回）。なお、内容上の重複などの理由から、以下の四回分は割愛した。「自己の詩学――ハイデガーとフーコー」（一九九九年五月号）、「ことばではないものの場所1――感覚的確信」（同八月号）、「語る存在、そして、意味の方へ――ことばではないものの場所2」（同一一月号）、「自我、テクノロジー、共同体――精神分析を讃えて」（二〇〇一年五月号）。

田崎英明（ただきひであき）

一九六〇年生。一橋大学社会学部卒、東京大学大学院社会学研究科博士課程中退。現在、立教大学現代心理学部教授。

専門は、身体社会論、身体政治論、ジェンダー／セクシュアリティ理論。

著書に、『夢の労働 労働の夢――フランス初期社会主義の経験』（青弓社、一九九〇年）、『セックスなんてこわくない――快楽のための7つのレッスン』（共著、河出書房新社、一九九三年）、『売る身体／買う身体――セックスワーク論の射程』（編著、青弓社、一九九七年）、『歴史とは何か――出来事の声、暴力の記憶』（共著、河出書房新社、一九九八年）、『ジェンダー／セクシュアリティ』（岩波書店、二〇〇〇年）、『カラヴァッジョ鑑』（共著、人文書院、二〇〇一年）、『20世紀の定義8〈マイナー〉の声』（共著、岩波書店、二〇〇二年）ほか。

訳書に、スラヴォイ・ジジェク『否定的なもののもとへの滞留――カント、ヘーゲル、イデオロギー批判』（共訳、太田出版、一九九八年。ちくま学芸文庫、二〇〇六年）、ニコラス・ロイル『ジャック・デリダ』（青土社、二〇〇六年）、ジョルジョ・アガンベン『到来する共同体』（共訳、インパクト出版会より刊行予定）ほか。

無能な者たちの共同体

二〇〇七年一二月二五日　初版第一刷発行

二〇〇九年　二　月二五日　初版第二刷発行

著者　田崎英明

発行者　西谷能英

発行所　株式会社未來社

〒一一二―〇〇〇二 東京都文京区小石川三―七―二

電話〇三―三八一四―五五二一（代表）　振替〇〇一七〇―三―八七三八五

http://www.miraisha.co.jp/ info@miraisha.co.jp

印刷　精興社

製本　榎本製本

定価（本体二四〇〇円＋税）

ISBN978-4-624-01177-2 C0010

既刊書より（価格は税別）

パッション　ジャック・デリダ著／湯浅博雄訳　一八〇〇円
コーラ——プラトンの場　ジャック・デリダ著／守中高明訳　一八〇〇円
名を救う——否定神学をめぐる複数の声　ジャック・デリダ著／小林康夫・西山雄二訳　一八〇〇円
滞留［付／モーリス・ブランショ「私の死の瞬間」］　ジャック・デリダ著／湯浅博雄監訳　二〇〇〇円
エコノミメーシス　ジャック・デリダ著／湯浅博雄・小森謙一郎訳　一八〇〇円
デリダと肯定の思考　カトリーヌ・マラブー編／高橋哲哉・増田一夫・高桑和巳監訳　四八〇〇円
望みのときに　モーリス・ブランショ著／谷口博史訳　一八〇〇円
人類——ブーヘンヴァルトからダッハウ強制収容所へ　ロベール・アンテルム著／宇京頼三訳　三八〇〇円
アウシュヴィッツと表象の限界　ソウル・フリードランダー編／上村忠男・小沢弘明・岩崎稔訳　三二〇〇円
自由の経験　ジャン＝リュック・ナンシー著／澤田直訳　二八〇〇円
私に触れるな——ノリ・メ・タンゲレ　ジャン＝リュック・ナンシー著／荻野厚志訳　二〇〇〇円
ヘーゲルの未来——可塑性・時間性・弁証法　カトリーヌ・マラブー著／西山雄二訳　四五〇〇円
経験としての詩——ツェラン・ヘルダーリン・ハイデガー　フィリップ・ラクー＝ラバルト著／谷口博史訳　二九〇〇円
虚構の音楽——ワーグナーのフィギュール　フィリップ・ラクー＝ラバルト著／谷口博史訳　三三〇〇円
メタフラシス——ヘルダーリンの演劇　フィリップ・ラクー＝ラバルト著／高橋透・吉田はるみ訳　一八〇〇円
例外状態　ジョルジョ・アガンベン著／上村忠男・中村勝己訳　二〇〇〇円